信念再思叢書

A Guide for Times of Financial Crisis

聖經中的財富觀

韋特寧頓 著 曾景恒 譯

▼

信念再思叢書

聖經中的財富觀

Jesus and Money

A Guide for Times of Financial Crisis

作者

韋特寧頓 Ben Witherington III

譯者

曾景恒

審閱

陳永財、余雪

執行編輯

余雪

裝幀設計

奇文雲海 · 設計顧問

■

出版 / 發行

基道出版社

香港沙田火炭坳背灣街 26 號富騰工業中心 1011 室

LOGOS PUBLISHERS

Unit 1011, Fo Tan Ind. Centre, 26 Au Pui Wan St., Shatin, Hong Kong

電話：(852) 2687-0331　傳真：(852) 2687-0281

網址：http://www.logos.com.hk

承印

海洋印務有限公司

●

7/2016 初版

Cat. No. LP942

ISBN: 978-962-457-521-7

刷次	10	9	8	7	6	5	4	3	2	1
年份	2025	2024	2023	2022	2021	2020	2019	2018	2017	2016

目錄

縮寫表

1QS	Rule of the Community
AB	Anchor Bible
ABR	*Australian Biblical Review*
b.	Babylonian Talmud
CBQ	*Catholic Biblical Quarterly*
CD	Damascus Document
HUCA	*Hebrew Union College Annual*
JBL	*Journal of Biblical Literature*
Jdt.	Judith
JSNT	*Journal for the Study of the New Testament*
m.	Mishnah
Macc.	Maccabees
NCBC	New Cambridge Bible Commentary
NIBC	New International Biblical Commentary
NIGTC	New International Greek Testament Commentary
NTS	*New Testament Studies*
Q	Qumran

RSV	Revised Standard Version
SEG	Supplementum epigraphicum graecum
Sir.	Sirach
SP	Sacra Pagina
WBC	Word Biblical Commentary
Wis.	Wisdom of Solomon

前言
在困難的日子再思金錢的價值

為甚麼要寫一本關於金錢的書？為甚麼要現在寫？因為我們的經濟正在下滑。我們即使還沒有進入經濟蕭條時期，也至少已經進入了衰退期。就算是國王的所有人馬，也無法把「蛋頭人」（Humpty Dumpty；譯註：西方童謠中的主角，外形像蛋，從牆上掉下來摔破了）修補好；即使能夠，也無法迅速完成。對我們大部分人來說，至少會有一段時間要面對煩惱和失去，而不是放縱和炫耀性消費。無論我們是否喜歡（有誰會喜歡呢？），現在都必須學習怎樣以較少金錢生活。從二○○八年後期開始的世界經濟狀況可見，我們的市場不再如我們確信的不會倒塌，人們手上不再如我們確信的總有很多錢，我們並不如自己確信的那般安全。或許現在是個好時機——甚至是一個必需的時機——去再思金錢對我們的意義，以及我們要怎樣使用它（和如何為它所用），尤其是重新檢視究竟耶穌和祂最初的跟隨者，對財富和財物有哪些教導。

我的祖母是美南浸信會的會友，曾經歷一九三○年代的大蕭條。她對我們今天的情況有這樣的說法：「我們正處在一片混亂裏。」由於我們正處在一片混亂當中，無可避免地要花好些時間來進行大清理。或許問問自己怎樣落入這片「混亂」當中，會對我們有幫助。我會把誰應為全球經濟問題負責任的宏觀答案留待經濟學家和政治家解答；在這裏，我會簡單地專注於提供我們**所有人**怎樣促成這個局面的微觀答案。

第一，我們大部分人的生活開支都在我們的負擔能力以外，有些人的開支甚至遠超乎他們的能力。我並不是說為房子做按揭或為汽車供款，而是指以信貸方式支付幾乎所有東西，而不是量力而為。在我有生之年，信用卡行業在這個國家的興起，以及我們熱中於使用這塊膠片（無論是否為此結帳），都有份把美國變成一個負債國家，更別提我們還欠了其他世界強國債，例如中國和石油出產國家沙地阿拉伯等。我要說的是，我們每個人身為個體，都在毫不猶疑、沒有限制或毫無道德規範地濫用信貸服務。我們的消費習慣已經失控。坦白說，這些都是頗不符合基督信仰的做法，我們將會在再思耶穌和初代信徒的教導時談到這一點。

第二，我們一直被灌輸（甚至是被教會的傳道人灌輸）我們有權利得到成就，有權利得到財富，有權利過名人和富人的生活方式。在這個過程裏，每當論到我們購買甚麼、何時購買、購買多少的道德責任時，我們都會對良知的呼喚充耳不聞。我們已經學會隨意消費，不去思考我們有責任看顧那些比我們不幸的人。廣告商訴諸的是由應得權利（entitlement）衍生的自我中心意識。

再者，我們受到引導，以為不用犧牲就能夠得到我們想要的東西。不同模式的賭博（包括州份的彩票）像葛藤遍佈龐大的松樹林般蔓延。賭博背後的假設是：只要作小小的投資，就能夠一擊即中，一世無憂。我們並沒有考慮到，我們所得的結果與所付出的努力應該是相稱的。因此，賭博文化侵蝕著古老的規語「辛勤工作會得到當得的工價」，工作與報酬之間的連繫被切斷。

不知怎的，我們已經到了以為自己必須溺愛兒女的地步。因此，本可花在必需品、慈惠捐款，或花在事工發展的金錢，都改為花在給兒女的奢華汽車和(非急需的)整容手術上。**溺愛**(spoil)在字典裏的定義包括「嚴重地傷害」被溺愛的人，以及「損害」被溺愛的人的「品格」。因此，我們事實上並不是在幫助兒女。在任何情況下為了兒女而過分消費，只會助長炫耀性消費和加重債務。

娛樂是王，奢華誘人！假如我們問經濟學家大部分美國人怎樣處理他們的可支配收入，經濟學家會告訴我們：我們沒有儲蓄，我們都把金錢花在娛樂或奢侈品上。在很多情況下，我們會先滿足我們的渴望，然後才去滿足我們的需要。我們的花費次序很不正常。我們「加大了」(supersized)我們的食物、我們的汽車、我們自己。

再者，聖經對「信徒免息貸款給其他信徒」有一些堅定、嚴厲的教導。我們這個時代的標誌是：基督徒對要求他人支付利息視若無睹，也視自己藉著貸款購物以致要支付高昂得離譜的利息為等閒事。我們甚少反思，直到還款期到來。我很同情那些在這段經濟下滑的日子裏失去家園的人，但是不幸地，我們有很多傷口都是自己造成的。我們購買自己負擔不起的大房子，而虎視眈眈的貸方則巴不得人們在橫線上簽名作實，即使當事人並不太知道或明白一些基本的事情，例如他們按揭的利率到底是定額還是浮動的。

即使我們儲蓄，很多基督徒也只是為了預備退休這樣做。有一天，我看見一輛貼著基督教魚形標誌的露營車，在那標誌旁邊，是寫著「我在花著我孫子的遺產」的防撞杠貼紙，好像這是很幽默或值得慶祝的事，實在令人反感。

在一個「新的就是真的」、「最新穎的就是最好的」文化中，基督徒追逐時尚、潮流、無聊的時裝趨勢、愚蠢的金融交易，總的來說，就是沉溺於健康、有益、聖潔的事物以外的東西。請垂下頭、閉上眼——假如你或你的兒女是有罪的，舉起你的手吧！

我可以接著舉出更多例子，但是上面的例子應該足以說明，決定大部分基督徒怎樣理解金錢、借貸、施予、符合經濟效益的生活方式與一連串相關事情的，並不是聖經，而是文化因素和影響。

這幅圖畫有甚麼問題？

不久之前，我被困在達拉斯機場。在那些遍佈機場的電視屏幕中，其中一個畫面出現了一位電視佈道家。我不會指名道姓，那可以是任何一位出名的成功福音（prosperity gospel）宣揚者。這位講員梳著精心整理過的髮型，穿著一套熨得筆挺的阿瑪尼（Armani）西裝，笑容滿面，牙齒白得發亮。他堅稱忠心的基督徒應該是富有的；他並沒有提到任何關於犧牲的事。這就像金克拉(Zig Ziglar；編按：美國演說家、作家、推銷員)的促銷節目，稍微加上一點基督信仰的元素。在美國，這正是我們喜歡的宗教模式：輕輕帶過神學和罪咎，卻大大強調物質上的福分，以及得到「我們佔有您極強的心所渴望的東西」的捷徑。

電視上的這一幕令我留下深刻印象，因為我剛讀到一位初代教父屈梭多模（John Chrysostom）的作品。屈梭多模與亞西西的法蘭西斯（Francis of Assisi）一樣，都是徹頭徹尾的禁慾主義者。他的座右銘近似「感到不對勁時，就避開它」。令我留下深刻印象的是，關於上帝對我們的要求，以及真正的福音包括甚麼，屈梭多模與這位電視佈道家的主張竟然南轅北轍！屈梭多模十分堅定地說：只有異教徒才會追求物質上的成就、成功，以及名人和富人的生活方式；只有異教徒才會暴飲暴食、過度購物，總的來說，就是追求從腰圍到服飾、房子、珠寶、汽車，都要「加大碼」。根據屈梭多模的看法，只有異教徒才會自我沉溺。因此，對屈梭多模來說，我們今天所謂的成功福音，其實是世界的福音，並不是救主的福音。

誰是正確的呢？聖經有沒有宣講「天（上帝）助自助者」，對此堅信不疑的人會成功？還是它宣講了一個十分不同的福音，類似「你們貧窮的人有福了！因為上帝的國是你們的」（路六 20）？聖經對金錢、私人財產、成功與財富這類事物，到底說了甚麼？聖經對美好的生活和怎樣過這種生活，到底說了甚麼？讓我先清楚說明，我認為這位電視佈道家和屈梭多模在某些方面**都**錯了。但很明顯，屈梭多模比成功福音宣揚者較接近真理和問題的核心。我會在這本小書裏，逐步解釋為甚麼是這樣。

在這裏我得稍為收斂一點，承認成功福音宣揚者的確觸及了一些重點。人，或許尤其是基督徒，正在尋找現實生活中有關金錢問題的答案，包括靈性方面的答案。他們想知道上帝和聖經如何看待這些事情，而他們正在向教會，或至少向一些較常出鏡的牧者尋求這些問題的答案。成功福音宣揚者嘗試幫助這些人從一個比較敬虔的角度（godly perspective），去理解這個物質世界和物質的東西，就這一點而言，我們要尊重他們。我們也要明白，聖經內容在這個課題上，並沒有一個籠統而單一的答案。它很複雜。因此，我們能夠理解，某些人在沒有理會經文語境的情況下引述一些聖經內容，不予處理當中的細微差別，從而導致成功福音的謬誤。我們不應該假設所有聆聽這種信息的人都是貪心的人，為要尋求聖經的支持，合理化自己那炫耀性消費的生活方式；並非人人都這樣。

讓我也加上一點個人見解。按照全球和歷史標準，大部分美國基督徒(包括我自己)都是富裕的。某些人會認為，像我這樣的人——按照美國人的標準，既不貧窮，也非富裕；但是按照全球標準來説，肯定是富裕的——如此嚴厲地批評那些被成功福音吸引的人，實在十分虛偽。有人可能會問：《星空奇遇記》(*Star Trek*；譯註：美國著名科幻劇集)中的座右銘「長壽和成功」有甚麼問題？難道這不是一般人所盼望的嗎？

這些都是完全合理的問題，也理應得到誠實的答案。那些誠實的答案最基本的原則是這樣的：我努力做到最好，不單要成為一個更忠於聖經、更慷慨、更樂於施予的人，也要使自己脱離主導著文化的物質主義範式。我完全知道這是持續不斷的掙扎，好比在美國物質主義的洪流中逆流而上。我認為成功福音宣揚者的主要問題出在：他們想美化我們文化的物質主義向度，並稱之為敬虔和美好的，稱之為從上帝而來的福分。但是，其實視它為魔鬼的試探往往會更恰當。成功福音宣揚者強調某些東西，卻漠視新約聖經強烈反對這些東西，那些警告被一再述説。而且，讓我再加上一點，尋求這類問題的答案並不像玩「百科大挑戰」(編按：一種常識問答遊戲)，這實在是關乎靈命存亡的事宜。

的確，人怎樣面對物質世界、財富、健康，反映了他最忠於甚麼，以及甚麼事物排在他的優先次序。這是關乎人心的問題，而現今有太多美國教會（或許尤其是保守派和福音派教會）正因著心臟病、屬靈動脈堵塞，也就是某種形式的拜偶像或渴慕假神，而受到損害。當然，部分問題出自以聖經金句來支持我們一直希望會成真的事情。

身為一位相對富裕的基督徒和聖經學者，我最迫切的關注是人明目張膽地漠視聖經對金錢和其他相關課題的真正教導。或許我們需要回到起點，去建立一個關於金錢、財富、財產、什一奉獻、儲蓄、健康、追求美好生活的嶄新聖經觀。或許我們已經完全忘記了——或完全扭曲了——聖經中關於這些東西的教導。因此，在嘗試使用聖經支持我們那先入為主的想法之前，我們首先必須提醒自己，論及這些課題時，聖經到底說了甚麼，或主張甚麼。

撥亂反正：預告

我們生活在一個原子時代（atomistic age），這是一個重視警句、簡短摘要，主張匆匆一瞥的時代。當我們在一個資訊時代的洋洋資訊中漫遊時，「把結論告訴我」之聲不斷，其意思往往是——至少含蓄地表示——淺顯一點或言簡意賅一點。因此，當論到金錢和財富這些如此複雜的主題時，扭曲資料之分析進路的做法便十分常見，這並不教人驚訝；其中的試探是，特意挑選某節或某段經文，把一個先入為主的財物和財富神學觀合理化。

有不同方法可以避免這種對經文的選擇性誤用。其中一個方法，當然就是盡可能看更多經文，並拒絕那個試探——漠視那些不切合自己所喜愛的理論之經文細節。惠勒（Sondra Wheeler）在一個重要的研究裏，展示了留意整本聖經的脈絡——而不只是一兩段喜愛的經文——可以怎樣改變有關金錢的討論。惠勒寫到：「舉例來說，若一個詮釋者認為路加福音十二章33節『你們要變賣所有的賙濟人』是一個要求信徒傾盡財產的道德規條，並適用於任何時空的任何信徒，那麼，對他來說，同樣清楚的命令：『不可忘記用愛心接待客旅』（來十三2），就成問題了。假如基督徒甚麼都沒有，又怎能邀請陌生人進到家裏並接待他們呢？」[1]

這種正典的（canonical）或整本聖經的（whole-Bible）進路，要求我們理解這些特定命令的社會背景和經文的上文下理。舉例來說，當我們從路加福音那更廣闊的語境來看路加福音十二章33節（你們要變賣所有的賙濟人），很明顯的是，耶穌或路加皆無意把這個命令普遍地應用在所有情況下的所有人身上。但是，若沒有仔細考查那更廣闊的語境，便無法知道這一點；而這正正是現今的教會在論到聖經中關於金錢的教導時，常常欠缺的。當我們整全地探討舊約聖經和早期猶太文獻中，那些關於財富和財物的討論時，會發現有一點很有趣：事實上，猶太文學並不是一面倒支持財富和豐足；而新約聖經也不是一面倒反對擁有財物和在生命裏享有一定的富足。當中的論證是更加混合和複雜的。

舉例來說，惠勒以四個主題總結舊約聖經關於財富和豐足的討論：

1. **財富是拜偶像的起因**（申三十二10～18；賽二6～8，三

16～24；耶五 7；結七 19～20，十六 15～22；何二 5～9；摩六 4～7）。先知發出警告，指出財富的危險之處是陷我們於拜偶像的境地；這是指對上帝不忠，尤其是不忠於上帝的呼召：祂要求人完全忠貞，信靠祂，要我們單單倚靠祂，安全感只來自祂。

2. **財富是不公義的結果**（賽三 14～15，十 1～3；彌六 10～12；耶五 27～28；摩二 6，四 1～2）。那些透過欺詐和剝削他人來積聚財富的人受到先知嚴厲的批評。就如惠勒所強調的：「（這些經文）不單責備暴行和欺壓；那約的條款也要求免除債務、在禧年必須把被轉讓的土地歸還給窮人，並釋放那些被賣為奴的人；而違反它們會招致上帝的忿怒」（比較亞七 14）。[2] 這並不是說財富和成功一定與不公義和拜偶像有關。

3. **財富是忠信的記號**（利二十六 3～10；申十一 13～15；賽五十四 11～12，六十 9～16；耶三十三 6～9）。「申命記和先知傳統痛責富人的背道、欺壓、冷酷無情，但同時也應許：忠於上帝和上帝的約，會帶來各種豐足。」[3] 這樣，問題就變成：我們如何指出，在甚麼時候，豐足是上帝賜福的記號？或在甚麼時候，豐足是人類欺壓和不公義的記號？再一次，現代成功福音的問題，是它只展示了聖經見證的其中一面；更甚的是，連這一面也是極具選擇性地被展示出來的，導致扭曲和錯誤的側重點。

4. **財富是辛勞工作的報酬**（箴十～二十一章）。在智慧文學裏，工作及得報酬往往與懶惰形成對比。[4] 這個在舊約聖經出現的主題，在新約聖經裏幾乎完全消失，實在十分有趣。

那麼，論到財富，新約聖經的基本主題是甚麼呢？惠勒再次列出四項：

1. **財富是絆腳石**（路十八 18～30）。三卷符類福音（馬太福音、馬可福音、路加福音）都強調富人難以進入上帝的國。惠勒總結說：「在福音書裏，人對物質財富的關注，不斷阻撓著他們回應耶穌所宣講的道，是絆倒人的核心因素。」[5]

2. **財富與委身爭逐**。在福音書裏，當人過於依附財物，就必須作出選擇，因為人不能既事奉上帝，又事奉瑪門（太六 24；路十六 13）。門徒被勸誡不要積攢財寶在地上（太六 19～21；路十二 31），因為人最愛甚麼，他的心也會在那裏。貪婪也常受到猛烈抨擊，被視為一種拜偶像的形式（路十二 15；比較弗四 28；西三 6）。與此同時，惠勒適切地指出，新約聖經並沒有勸誡人追求貧窮，視之為善行：「擁有財物並不必然受到責備。但當新約聖經論到財富的第一和第二個主題，是財物傾向阻撓人成為門徒，以及所有財富都在引誘人去信靠它們而不是上帝，那麼兩者就有一個必然的結果了。然而，貧窮本身並不是追求的目標，或可用來保證道德純潔；它只是一種取得自由的方法，這自由使我們能全心全意地順服和忠於上帝的統治。根據新約聖經主張的實在觀（view of reality），其他東西真的並不重要。」[6]

3. **財富是人類必需品的來源**。這是新約聖經非常一致的主題。無論是保羅（羅十五 25 ～ 27；加六 6）、雅各（雅二 15～16），還是路加（徒二章，四章），全都勸誡人慷慨施予。保羅甚至說施予金錢或財物，是一種順服所認信的福音的形式（林後九 13）。為免我們認為施予的對象只是基督徒，他說我們要對所有人行善，**尤其是**信仰家庭。耶穌簡單地教導我們施予所有提出請求的人（太五 42；路六 30）。即使是仇敵，也應該給他食物（羅十二 20）。這類經文提供良好、正面的應對方法，表示耶穌和不同的初代基督教作家都認為人可以在擁有財物的同時，而依然是耶穌的跟隨者。

4. **財富是經濟不公的表徵**。這個主題把舊約聖經的先知式見證延續至新約聖經，在路加福音尤其常見（路一 51～53，四 18～19，六 21，十六 19～26）。同類關於財富的警告也見於啟示錄（啟十七 3～4，十八 9～19），這些經文的描述與路加福音十八章的比喻一樣，與進入天國的窮人、敬虔人形成鮮明的對比（啟二 8～10，七 16～17）。這些警告其中一個必然結論，是告誡我們要避免偏待富人（雅二 5，四 1～2，五 1～6）。

這個初步概覽的重點要說明的是，對於聖經如何談論財富和財物，我們有各式各樣的資料，並持不同的態度。惠勒的討論正好提醒我們那多樣性。有很多情況都取決於語境，以及古代與現代之間的分別，其中一個很重要的分別就是：所有聖經文化（biblical cultures）的集體主義特質（collectivistic nature），皆異於現代西方文化徹底的個人主義和原子論特質（atomistic nature）。

我們已經瞥見即將論述的主題，當中包括新約聖經論到財富和財物的警告論調。但是，要明白我們為甚麼會有這些不同的內容，則必須詳加察看。當我們繼續前行，就會與惠勒和其他有效地討論過這個課題的學者展開對話。這些學者的神學背景各有不同，就如解放神學家岡薩雷（Justo González）與福音派的布倫姆伯格（Craig Blomberg）那樣截然不同。我們將會發現，現代基督徒把積聚財富和過富裕生活自我合理化的傾向，在新約聖經裏完全沒有任何根據。從新約聖經那更高和更嚴謹的倫理要求來看，這尤其真確，比我們在舊約聖經找到的相關討論更真確。從希伯來聖經延續到新約聖經中關於金錢和財富的最常見教導，就是財富的危機、貪婪與拜偶像的危險這種先知式見證。

本書的計劃

雖然聖經的內容十分複雜，本書的計劃卻很簡單。我們會以概覽的形式檢視舊約聖經一些相關資料，然後專注於一些新約聖經教導，這些新約聖經教導更加直接地說明耶穌的跟隨者應該怎樣思考、踐行相關課題。以舊約聖經合理化成功福音的其中一個主要問題，是基督徒根本不再是活在摩西的約（Mosaic Covenant）之下！在新約裏，他們蒙召遵從一個更高的標準。因此某程度上，箴言對古代猶太人所說的話，永不應該成為建立基督徒財富觀和相關事物的主要基礎。作為背景，它的確有些關聯，尤其當它被新約聖經作者引述和再次肯定；但是普遍來說，關於這些事物，基督徒應該思考的主要經文，並不是歷代志上四章 10 節的雅比斯的祈禱，而是耶穌的祈禱。雅比斯的祈禱與主禱文是多麼不同！

那麼，讓我們開始吧！我承諾這個討論不會沉悶。事實上，我的目標是以很多教人驚訝的方式，使它變得**豐富**。

「起初，上帝創造⋯⋯」

確定我們的方向

假如我們成為一羣人，無法
思考，那麼源自本能那純粹的
權力和貪婪
就會替我們思考。

假如我們變得無法
拒絕自己的任何慾望，
那麼我們所有的一切
就會從我們那裏被奪去。

假如我們沒有憐憫，
我們就會孤獨地受苦，我們會獨自承受
我們的毀滅。

貝里（Wendell Berry）[1]

金錢是個敏感的課題。有些人完全不想討論它，有些人則對它十分著迷——無論他們是否擁有它。如果從聖經的角度出發，我們應該從哪裏開始討論金錢和物質的資源這棘手卻極重要的問題呢？我建議回到最初，從上帝的角度出發。因此，我們要回到本源，回到創世記一章，確定我們的方向，並且正式開始進入聖經關於金錢的討論。

上帝的創造

首先，我們必須明白，金錢只是其中一種資產，是這個世界其中一種物質的東西。從神學角度來看，這類「東西」應該一併討論，因為在聖經的第一章，我們讀到：「起初，上帝創造天地」（創一1），接著，這一章的結尾說：「上帝看著一切所造的都甚好」（31節）。萬有——整個由物質造成的宇宙和所有在其中的東西——都是由上帝所造。同樣重要的是，上帝所造的一切都甚好。樹木是好的，太陽是好的，動物是好的，食物是好的，礦物是好的，人是好的等等。物質的東西並沒有任何與生俱來的惡，即使是金錢。當然，人類的確有能力把一樣好的東西變成有害，甚至是邪惡的東西，就如把植物古柯變成古柯鹼（編按：又譯可卡因）。

但是，隨著「上帝創造萬有，並使它們成為好的」這說法而來的，還有一個重要的必然結論，就是**萬有最終都屬於上帝**。它們在最完全的意義上並不「屬於」人類。就如詩人說：「地和其中所充滿的，世界和住在其間的，都屬耶和華」（詩二十四1）。正確來說，上帝是萬有的惟一擁有者，無論是生出來的還是受造的，是自然的還是人工塑造的。這聽來好像很簡單，了無新意，但是很多時候，我們都會忘記以這個恰當的神學方法來思考金錢和物質的財物，而這會引發一連串問題。很明顯，我們很容易忘記我們並沒有把任何東西帶進這個世界；此外，即使我們與我們那輛粉紅色的凱迪拉克（Cadillac）跑車一同埋葬，我們也無法帶走它們。或許你已經聽過那個幽默的故事，那是關於一個男人將要死去，因此賣掉所有資產，把它們換成金條的故事。他要求家人把金條放進兩個行李箱，與他一同埋葬。當他到達天堂之門，彼得出來迎接他，並且立時留意到這個人奇怪地帶著行李箱到天堂。「行李箱內有甚麼呢？」彼得問。這個男人驕傲地打開了行李箱。彼得不知所措地注視著裏面的金條，接著說：「你把鋪地的材料帶上來？鋪地的材料？」

基督徒對於這個世界的所有權（ownership），有著頗為奇怪的見解。創世記的創造故事恰當地提醒我們，上帝是萬有的創造者和物主。因此，就如亞當和夏娃的故事清楚顯示，我們只是上帝財產的管家。我們的職責是管理不屬於我們的財產。亞當和夏娃要生養眾多，遍滿全地，並且要管理這地；他們要治理園子；但是，他們不可以為他們在世界工作，就擁有世界。這把我們帶到另一個重點。

在現代西方社會，我們賦予工作很高的價值。這並沒有甚麼問題，但是隨著這個價值觀而來的其中一個哲學假設是——我們擁有我們賺取或購買的東西。從聖經的角度來看，這很有問題。努力工作與所有權之間不一定有任何關聯。舉例來說，試想想人類建造埃及金字塔所花的努力。當時大部分工人都是奴隸，他們並沒有妄想，以為他們建造了金字塔，就擁有金字塔。不，他們相信金字塔和他們自己都是屬於法老的！這樣看來（當然，法老不是上帝），對於工作，他們比我們大部分人擁有一個更符合聖經的世界觀。努力工作可能會使我們得到報酬，也可能使我們成功。但是除非我們明白，我們得到的一切，無論是賺取而得還是白白領受，都是從上帝而來的禮物，我們應該在知道禮物的真正主人是誰的情況下使用它，否則我們並不是從聖經的角度來思考這些東西。

關於人類所有權和私人財產的錯誤見解

提倡人類所有權的神學製造了各種各樣的問題：為了一塊地的主權而競爭；為了遺產和繼承權而爭執；盡可能累積更多財產，牢記「地段、地段、地段」的準則。它促成了「我們是我們所擁有的」（we are what we own）或「我們是我們應該擁有的」之假設。我們製造印著類似「死時擁有最多玩具的人贏了」這種標語的汽車防撞杠貼紙。但是，積聚東西並無法讓人避開死亡。

當然，有些古代文化真的相信我們可以在死時帶走屬於我們的東西。舉例來說，埃及帝王谷（Valley of the Kings）墳墓遺址的出土展示了大量偉大的圖坦卡門王（King Tut）的財寶、衣服、戰車、食物。但是，這位法老的木乃伊依然在開羅（Cairo）的埃及古物學博物館裏，而他所有的寶物現在都在博物館或其他地方展覽。因此，他不單無法把它們帶走，假如他從死裏復活，再次回到墳墓那裏看看，也無法在那裏找到它們！

忠於聖經的創造神學否定了「私人」財產和「公共」財產的理論，就是我們那些「個人擁有權」和「集體或政府擁有權」的理論。聖經的觀點是：惟有上帝才是宇宙的物主，因為上帝創造並塑造了它，並把它**借給**我們恰當地使用。這個神學觀念實際上暗示，每當使用物質的東西，我們必須時常提出以下問題，例如：我們這樣使用這些東西，是出自上帝的心意嗎？這樣使用能反映出我們是上帝資源的好管家嗎？這樣或那樣使用財產或金錢能榮耀上帝和造就人嗎？

為甚麼我們應該問這些問題？因為創世記三章的故事提醒我們，我們全部人都是墮落的受造物；我們全部人都虧缺了上帝的榮耀；我們全部人都有無窮無盡的能耐去把自己關於金錢和財物的決定合理化；我們全部人都有無窮無盡的能耐為自己辯護。從墮落開始，我們全部人都「依隨己心」。

私人財產理論其中一個最可悲、最不符合聖經的必然結論是關於慈惠的觀念。我曾經講過一堂題為「慈惠是罪」的道。它當然吸引了聽眾的注意力。慈惠這觀念背後的基本假設是「我的東西是我的，假如我與你分享，我就是仁慈或慷慨的」——好像分享財富是個選擇似的。然而，論到這些觀念時，聖經中滿是**命令**而不僅是建議，聖經要我們施予別人、照顧窮人、為他人犧牲等等。如果上帝的子民必須施予，如果上帝是所有財產的物主，那麼我們應該怎樣理解什一奉獻呢？什一奉獻豈不是說我沒有給予上帝的百分之九十按理說都是我的嗎？我很高興你這樣問。

什一奉獻的人有福了

利未記二十七章30節這樣說：「地上所有的，無論是地上的種子是樹上的果子，十分之一是耶和華的，是歸給耶和華為聖的。」這可能會教人驚訝：舊約聖經關於什一奉獻的討論比來生的討論更多！但是，沒有恰當的神學脈絡，我們就無法好好理解什一奉獻到底是甚麼。我們必須按著某個特定的創造神學來評論舊約聖經關於什一奉獻的教導。上帝並不**需要**物質的東西，但是上帝要求以色列民獻上初熟果子的十分之一、首批農作物的一部分之後，才能享用餘下部分。事實上，在出埃及記十三章，上帝甚至要求以色列民將頭生的兒子分別為聖歸給祂——上帝不是想得到我們的資源，上帝想得到我們！

為甚麼上帝要求以色列民**所有東西**都要什一奉獻，甚至包括薄荷、茴香、芹菜等香料和調味品（參太二十三23）？答案很簡單，因為這要提醒上帝的子民，所有東西都屬於上帝。所有東西！這並不是關乎把東西分配成上帝的一份和我們的一份、上帝的財產和我們的財產，而是**所有東西都屬於上帝**。把所有初熟的農作物或其他初熟的物什一奉獻，就是要時刻提醒人這一點。

舊約聖經關於什一奉獻的教導教人驚訝的，並非上帝要求什一奉獻，而是上帝並沒有要求我們奉獻**全部**，因為萬有都是屬於祂的。留意上帝的恩典與慷慨，祂希望祂的子民得著生命，並且活得豐盛；然而，這種生命卻不應在忘記所有東西屬誰的情況下而得。

那麼基督徒應該什一奉獻嗎？這是一個極具爭議的課題，而我認為答案是不。如果我們細讀利未記和申命記，就會發現什一奉獻的要求與不同的要求並列——例如：用石頭打死不順服的兒女、留下農田的四邊給窮人拾落穗、避免刺青（是的，這也記載在那裏），以及一連串基督徒已有一段很長的時間沒有想過要遵守的其他命令。即使是不太熟悉聖經的基督徒也知道，我們再也不是活在摩西的約之下，我們並非按著在很多個世紀以前給予希伯來人的摩西律法過活。我們活在由耶穌開始的新約之下，雖然這約有很多命令，**但是什一奉獻並不是其中一個**。關於這些事情的基本指引是：假如新約聖經再次肯定某些舊約聖經的命令是給基督徒的，那麼我們就要遵守；假如沒有，我們就不用遵守。

有些人可能會反對，說：「但是且慢，耶穌在馬太福音二十三章23節論到要把薄荷、茴香、芹菜什一奉獻，那是記載在新約聖經裏面的。」是的，但是耶穌的話是對誰說的呢？留意經文的語境：「你們這假冒為善的文士和法利賽人有禍了！因為你們將薄荷、茴香、芹菜獻上十分之一，那律法上更重的事，就是公義、憐憫、信實，反倒不行了。這更重的是你們當行的，那也是不可不行的。」耶穌在這裏是在教導法利賽人，而不是祂自己的門徒，更不是復活節之後的基督徒（Christians after Easter）。假如法利賽人已承諾要遵守摩西的約，耶穌希望他們能保持一致。摩西的約清楚要求什一奉獻，但是耶穌並沒有叫祂自己的門徒什一奉獻，實在很有趣。事實上，祂對他們的要求，比起把他們的收入作什一奉獻來得更加徹底，正如我們在下一章將看到的。

我們從這段經文得出的給基督徒的應用踐行至多是，假如有人是真誠的猶太裔基督徒，並相信要給猶太人作好見證就必須遵守妥拉，那麼事實上，那個人是以此為由委身什一奉獻。但是讓我清楚指出，保羅說即使是像他那樣的猶太裔基督徒，也不再需要遵守妥拉——雖然他們可以這樣做，作為宣教的方法（參林前九章）。

對我來說，堅持全部會眾都應該什一奉獻的傳道人有一點很諷刺：他們漠視其他關於金錢或資源的討論，卻同時利用那些經文的語境。我指的是五經（舊約聖經頭五卷書）中論到高利貸的內容。**高利貸**（usury）一詞源自拉丁文 *usuria*，原本是指任何利息。古代文化對於這件事有不同意見，而有趣地，希伯來聖經有最嚴謹或嚴厲的觀點。維基百科總結高利貸的辭條如下：

> 古代近東大部分早期宗教體系和從它們衍生的世俗法規並沒有禁止高利貸。這些社會認為沒有生命的東西也是活的，和植物、動物、人類一樣，並有能力自我繁殖。因此，假如你把食物當作「金錢」（food money）借給人，或借任何種類的代幣給人，收取利息是合法的。早於大約主前五千年，甚或更早之前，已經有人以橄欖、棗、種子或動物為『金錢』借給人⋯⋯在美索不達米亞人（Mesopotamians）、赫人（Hittites；編按：又譯希泰人或西臺人）、腓尼基人（Phoenicians）與埃及人當中，利息是合法的，也往往由政府所定。但是猶太人對這件事有不同的看法。[2]
>
> 妥拉和希伯來聖經較後的部分批評收取利息，但是對聖經禁止這事的詮釋各有不同。一個常見的說法是以色列人不可在借錢給其他以色列人時收取利息，卻可以在與非以色列人進行交易時收取利息。然而，希伯來聖經本身也有好些迴避這個規定的例子。古代一些屬靈領袖和哲學家皆譴責高利貸（指最初所指的任何利息），包括柏拉圖（Plato）、亞里斯多德（Aristotle）、卡圖（Cato）、西塞羅（Cicero）、塞尼加（Seneca）、普魯塔克（Plutarch）、阿奎那（Aquinas）、穆罕默德、摩西、

斐羅（Philo）、釋迦牟尼。[3]

這裏涉及的經文是出埃及記二十二章25節、利未記二十五章35至37節、申命記二十三章20至21節，而它們全都似乎頗為清楚地表示，上帝的子民不應該在借貸時收取利息。申命記二十三章提到假如是借貸給外邦人，就是個例外。而我們也可以說，頭兩段經文尤其關注不可欺騙窮人，而原則仍然是信徒不應該在借貸給其他信徒時收取利息。當然，上帝的子民有時候會迴避這些規條，但是留意以西結在希伯來歷史較後期投訴高利貸（尤其是過高的利息）是不公義的（結十八8～17）。我們也要記住，新約聖經中「施予應不望回報」的理念，這進一步闡釋了上文反對高利貸的原則。普遍來說，新約聖經比舊約聖經對應該怎樣處理我們的資源，採取更嚴厲的進路。

提出這一切的原因，是我並沒有聽過傳道人勸誡信徒不收利息，而他們卻忙於強調什一奉獻，這個不一致實在令人為之側目。但是，事實上基督徒並不受制於這些舊約規定，包括什一奉獻，因為我們不再是活在摩西的約之下。

跟隨金錢？

討論到這裏，有些人會指出舊約聖經有許多內容提及成功，甚至有時候提到財富，卻沒有提到金錢本身。這是因為古代經濟並不是以金錢為基礎的經濟，也肯定不是自由市場式資本主義的經濟模式。就如我們將會在之後幾章看到，在耶穌身處的時代，金錢才開始扮演著比較重要的經濟角色；但即使是這樣，它主要還是在以物易物或「協商交易」（bargain and exchange）的經濟環境下運作。金錢是用來支付稅款的，比較少用於每天的商業活動。

討論聖經中關於金錢和財富的教導時，我們往往會忽略另一個重要的元素。所有古代經濟，尤其是強大帝國和政權的經濟，都很依賴奴工（slave labor）。有一個評估甚至主張，到了保羅和彼得在主後六十年左右探訪羅馬時，城中大約有一半工人都是奴隸（slaves）。[4]今天，我們可能會開玩笑說賺取最低工資是做「奴工」，但是奴工在聖經書卷成書的時代十分盛行。我們將會在之後幾章更詳細地討論這些問題，但是這裏的重點是，我們的世界與聖經書卷成書時的世界，其經濟有很大分別。假如我們要恰當地掌握新約聖經中討論金錢的關鍵，就需要記住，要區分那些文化與我們文化的基本經濟元素。

舊約聖經裏的財富

雖然一些成功福音宣揚者不斷顛倒是非，但舊約聖經其實並沒有予人任何藉口，去為了炫耀而積聚財富，更遑論炫耀性消費。事實上，我們不時會看到論及財富很危險的警告，而財富有時候更與拜偶像相連。[5]舉例來說，在以西結書七章19至20節，財富被描述為絆腳石，引致以色列人犯罪和拜偶像。同樣受到猛烈批評的是以貴重金屬製造偶像，這要擁有很多財富才能做到。申命記三十二章15節警告上帝的子民，他們的財富使他們變得肥胖和對上帝不忠。

眾先知對於富人剝削和欺騙他人（包括窮人）的行徑尤其忿怒，這並不教人驚訝。彌迦書六章10至12節指控富人滿行強暴，不誠實地以不公道的天平、法碼、升斗營商。以賽亞書十章1至3節重複提到那些設立律例的人「屈枉窮乏人，奪去我民中困苦人的理」。事實上，舊約聖經有大量控訴人從寡婦和孤兒那裏盜取東西的記載，包括以賽亞書十章。以賽亞書三章14至15節指控民中的長老和首領壓榨窮人，使用他們的勞力，卻剝奪他們所需要的飲食，甚至連窮人家裏僅有的東西也要奪去。

在這個語境下，我們應該開始評論類似利未記二十六章3至5節和申命記十一章13至15節關於應許下雨和好收成的記載。留意在這些經文裏，應許是有條件的，就是必須遵守上帝的「所有律例」，或一生忠心遵守誡命。我們必須知道，這些應許並不是無條件的，並不是只要人祈求上帝賜福就能成事。看看申命記十一章13至15節的例子：「你們若留意聽從我今日所吩咐的誡命，愛耶和華——你們的上帝，盡心盡性事奉他，他必按時降秋雨春雨在你們的地上，使你們可以收藏五穀、新酒，和油，也必使你吃得飽足，並使田野為你的牲畜長草。」很明顯，這其實不是承諾敬虔人會富裕，而是承諾好收成、沒有人會不夠食物。有時候，類似以賽亞書六十章8至12節的經文（有「金和銀」給以色列人）會在討論成功時出現。但是，我們需要了解到，這裏的應許是給予被擄的子民的終末性（或末後日子的）應許，無論人們怎麼懇求上帝，它們都不是給予任何人在任何情況下的成功應許。當然，耶利米書三十三章6至9節的應許也一樣，那裏提到「豐盛和平安」。

有些類似詩篇三十七篇4節（「又要以耶和華為樂，他就將你心裏所求的賜給你」）的經文也會被吹噓成敬虔人成功的保證。成功福音宣揚者立即假設這篇詩篇必定是指向物質的東西和財物。但是，經文的語境至關重要。這篇詩篇整體而言，並沒有應許世上的財富，反而是說上帝會幫助祂的子民安全地居住在那地。祂會使他們的公義（不是他們的珠寶）如太陽般閃耀，使他們的公平明如正午。同一篇詩篇繼續說：「一個義人所有的雖少，強過許多惡人的富餘」（編按：6 節）。詩人又進一步作出對比，加上「惡人借貸而不償還；義人卻恩待人，並且施捨」（編按：21 節）。這就帶我們回到第 4 節這鑰節。根據上下文，義人「心裏所求的」是甚麼呢？答案當然是耶和華自己，以及祈求藉著上帝的介入，敵擋惡人，含冤昭雪。這並不是一篇可用來支持成功神學的詩篇。

詩篇二十五篇是另一篇常被成功福音宣揚者引用的經文。這篇詩篇描述了詩人在困境中向上帝呼求，希望得拯救、脫離欺壓者。那些真正敬畏並事奉主的人，祂必定以祂的道路指教他，「他必安然居住；他的後裔必承受地土」（編按：13 節）。我們再次看到一個有條件的應許，以「敬畏上帝」為基礎。也要留意同一篇詩篇還提到詩人的苦惱，以及他的孤獨困苦。成功顯然並不是不經試煉和受苦就能得到。

關於這些經文，我們可以說：雖然成功**可能**是上帝恩惠的記號，但也不一定總是這樣，因為它也可以是人邪惡的記號。我們會在下一章詳細討論所羅門和其他人的一些箴言和格言。我們要較詳細地處理這些經文，因為它們往往最被人誤用來支持不符合聖經的成功觀和財富觀，可謂經文誤用的基石。

再思雅比斯的禱告

當魏肯生（Bruce Wilkinson）以歷代志上四章 9 至 10 節為藍

本，寫了一本名為《雅比斯的禱告》（*The Prayer of Jabez*）的小書後，這段經文就引發了很大的回響。這本書在二〇〇〇年出版，在發行首兩年已賣了九百萬本（現在已超過一千七百萬本），是史上最暢銷的基督教著作之一。但是，歷代志上四章9至10節到底說了甚麼，以致這本書造成這樣的轟動呢？在一段看起來無關痛癢的家譜中，我們找到這兩節經文：「雅比斯比他眾弟兄更尊貴，他母親給他起名叫雅比斯，意思說：『我生他甚是痛苦。』雅比斯求告以色列的上帝說：『甚願你賜福與我，擴張我的境界，常與我同在，保佑我不遭患難，不受艱苦。』上帝就應允他所求的。」故事和語境就是這樣。它的上下文是與之沒有關係的家譜。

我們應該怎樣理解這個簡短的敘事呢？首先，我們應該留意敘事的主旨是痛苦。這是關於生育的痛苦以及脫離痛苦的祈禱（可能暗示雅比斯祈禱時是在痛苦中）。再者，雅比斯這名字的希伯來文讀音與痛苦一詞的讀音很相似。或許在這裏按字面意思翻譯，再加上一些希伯來文音譯能夠幫助我們。

> 雅比斯比他眾弟兄更尊貴，他母親稱他的名為雅比斯〔*y'bts*〕，說：『因為我在痛苦〔*b'tsb*〕中生他。』雅比斯求告以色列的上帝，說：『噢！願你賜福與我和擴張我的境界，願你的手與我同在，願你使我離開患難，以致它不傷害我〔*'tsby*〕！』上帝就應允他所求的（代上四 9～10）。

在古代，起名字時使用雙關語十分常見。留意我們的主角名為雅比斯（Jabez），而不是比較接近希伯來文痛苦一詞的雅斯比（Jazeb）。這似乎是一個貧窮或貧乏的人的祈禱，他幾乎沒有足夠的土地賴以為生，並且處於危難之中。但是留意：**當中並沒有任何迹象表明當雅比斯的祈禱蒙垂聽時，上帝就使他成為一個富人，因為沒有任何迹象表明雅比斯要求變得富裕**。他要求的只是足夠的地土和安全，讓他可以謀生和照顧家人。這兩節短短的經文明確表明了的，是上帝垂聽祈禱，尤其是祂忠心的子民為了安全和謀生能力等基本需要而發出的呼求。這裏並沒有任何迹象表明，單單因為人祈求和相信上帝有能力賜予這些物質方面的福分，上帝就有意讓富有的變得更加富有。

結論：好的方向與題外話

在這簡短的一章裏，我們花了點時間從舊約聖經中找到有關金錢與財富的討論方向。我並不真的認為舊約聖經在這些問題上與新約聖經有重大差別，但是概略地處理一些類似雅比斯禱告的題外話是十分重要的，因為它們並沒有真正為我們提供現代人所謂的成功福音。此外，尤其重要的是，要恰當地為我們的討論訂立框架，要以創造神學，以及確切來說，上帝是萬有的物主這個觀念為依據。

我們也提到什一奉獻是以舊約聖經的創造神學為基礎，只是給那些守摩西的約的人的要求。我提出古代經濟因著不同的原因，有別於現代經濟；我強調舊約聖經並不常提及金錢本身，因為古代經濟並不是以金錢為基礎。金錢在以物易物的經濟體系底下的功用，與它在今天的功用十分不同。很諷刺的是，很多現代牧者堅持基督徒應該什一奉獻，但是他們完全漠視舊約聖經同樣論到要禁止高利貸(借錢收取利息)，更遑論收取極高的利息了。

然而，假如舊約聖經真有經文能為成功神學和積聚財富提供基礎，那就應該是箴言這卷書中的箴言（proverbs）和格言（aphorisms）了。我們下一步會看看這卷智慧文學，以及它那語氣截然不同的親戚——傳道書。

2

金玉滿堂

箴言智慧論財富

富戶的財物是他的堅城；窮人的貧乏是他的敗壞。

箴言十章 15 節

發怒的日子資財無益；惟有公義能救人脫離死亡。

箴言十一章 4 節

假如只就經濟因素而言，有錢比貧窮好。

活地・亞倫（Woody Allen）

箴言或許比其他舊約聖經書卷更常被成功和財富的現代討論誤用。畢竟，箴言十章22節豈不是說「耶和華所賜的福使人富足，並不加上憂慮」嗎？當然，在同一卷書的箴言和格言裏，我們也讀到「倚仗自己財物的，必跌倒；義人必發旺，如青葉」（箴十一28）。在朝著耶穌和祂的跟隨者關於財富和金錢的教導進發時，我們會詳細檢視箴言和它沉鬱的孿生兄弟傳道書（今天往往在整個關於成功和財富的討論中被忽視）。這尤其重要，因為耶穌和祂的跟隨者深深受到希伯來聖經和早期猶太智慧文學的影響。

所羅門的智慧

要理解智慧文學必須有耐性，因為大部分智慧文學都涉及間接的講論方式——隱喻、明喻、修辭、意象、擬人法、謎語等。這是一種有明確主張的文學，它不要求人盲從，而是引發聽眾重新思想它的世界觀，從而使人信服。[1]有時候，智慧從「上頭」而來，這既指從上帝而來、啟示的智慧，也指從社會較高階層而來，例如從類似所羅門的國王而來。

這就是我們某程度上在箴言裏找到的那種智慧。在研讀箴言時，我們必須時常緊記，書中所設定的社會處境，是一個相對來說運作得很好的社會，它基本上以尊崇上帝的方式運作。在這樣一個符合聖經要求的社會中，可以說「耶和華不使義人受飢餓；惡人所欲的，他必推開」（箴十3）。但是，由傳道者（傳道書的敍事者）觀察到的社會卻截然不同。他在希伯來歷史較後時期哀歎「你若在一省之中見窮人受欺壓，並奪去公義公平的事，不要因此詫異……貪愛銀子的，不因得銀子知足；貪愛豐富的，也不因得利益知足。這也是虛空」(傳五 8～10)。

換言之，**箴言和格言總指向獨特的處境**。它們並不是一些普世性護身符，無論人活在哪一個社會處境都適用。它們描述的，是在某個特定的情況下，當人與掌管宇宙的上帝有正確(或錯誤)的關係時，才會發生的事。假如我們用心讀完所有智慧文學，而不是單單引用我們喜歡的箴言，就會發現擁有財富往往被視為邪惡的記號，儘管它也是公義的記號；它是縱容的記號，儘管它也是福分的記號。簡言之，我們無法從某人銀行戶口內有多少錢，去判斷那人在上帝面前的地位——雖然有時候，物質的東西的確是從上帝而來的福分。

或許先在這裏為**智慧**一詞下定義會對我們有幫助。希伯來文的 *hokmah* 或希臘文的 *sophia* 可以指不同的東西。在舊約聖經中，*hokmah* 至少指五種不同的智慧。其中一種是**政治智慧**(political wisdom)，知道在某個困難的情況下要有甚麼政治行動(王上五 21)。另一種是**自然的廣博知識**(encyclopedic knowledge of nature；王上四 33)，這假設知識為人性和恰當的人倫世界的探索提供線索。有些情況下，智慧是**明辨或判斷的恩賜**，即在一個困難的情況下知道怎樣做是正確的(王上三 16～28)。智慧也可以是**諺語、謎語、箴言所揭示的深層真理或關於生命的祕密**，指示人甚麼是真正重要的事，或事物到底怎樣運作。最後，智慧可以簡單地指**技能、專門技術或工藝**(代上二十二 15；代下五 7)。

普遍來說，箴言和舊約聖經中的智慧是上述第三種——智慧是明辨的能力。箴言有很大部分內容是要人知道甚麼是道德品格和處世之道，然後按著那些道德結構生活，以致人不單得以生存，也能夠興旺。

箴言由智者所撰，而精明的國王本身也往往是這些精煉智慧的創作者。大部分古代宮廷都似乎聘請了智者擔任國王的顧問和書吏。撒母耳記下十六章 23 節、列王紀上四章 1 至 19 節和十章 1 節都暗示在以色列王的雇員中，有這樣的顧問或智者。但是，這些顧問大部分都是提供上述第一種智慧——政治智慧——而不是生活的普遍指引。然而，我們不應該單從王室宮廷那裏尋找關於智慧的資料來源，因為它有一部分明顯從家庭而來（例如父親給兒子的忠告），或是由鄉紳父老結集的智慧，諸如此類。箴言還記錄了埃及智者阿曼尼摩比（Amenemope；編按：又譯阿門內莫普）的一些智慧言論（箴二十二 17～二十三 11，除了 19、23、26～27 節），這提醒我們，人們視智慧是普世性的，因此可以從其他平行文化中學到謹慎生活的藝術。宮廷智者/書吏似乎從整個地區收集智慧，而收集到的資料有部分現在可以從我們的箴言中找到（例如箴言三十至三十一章關於亞古珥〔Agur〕或利慕伊勒王〔King Lemuel〕的言論）。

最重要的是，我們必須記住，在古代聖經文化中，有讀寫能力的主要是權貴，也就是王室和他們的顧問、智者。有時間、精力、金錢尋求智慧，並將之記錄下來的人，若不是社會上的權貴，就是那些與他們有密切關係的人。這些人可以平凡如富裕階層的一分子，也可以尊貴如王室的一員。

我們也需要記住，古代希伯來文化是個口傳文化，因此源自家庭的智慧可能會透過口傳而在其他社會環境流傳，最終傳到宮廷書吏的手裏。而且，雖然有些智者是書吏，但是我們要區分撰寫箴言的智者和把它們抄寫下來的書吏這兩者。傳道書十二章 9

至 11 節提供了人們最初怎樣得到這部著作的線索：它是口述傳統，是由類似傳道者的智者收集並寫下來，並以不同的方式組合或歸類。

箴言所呈現的社會風貌是一個相對成功的時代、地區、社會場景。因此，以下結論可能是正確的：這個智慧論集乃出自權貴的處境；更重要的是，它往往反映了權貴的觀點，甚至是一個國王的觀點。就如戈迪斯（Robert Gordis）總結說：

> 智慧文學……基本上是主要居住在首府耶路撒冷的上層社會的產物……可想而知，上層社會的觀點很保守，基本上安於現狀並反對轉變。他們的保守主義延伸到生活各個層面，並滲透在他們的宗教理念，以及他們的社會、經濟、政治態度。最令人驚訝的是，這種基本的保守主義也可以在特立獨行的智慧老師身上找到（例如傳道者）。[2]

箴言整體反映了經年累月去蕪存菁而成的智慧，它們往往經過了很多代的流傳，而不只是某個人的洞見。這正是為甚麼大部分箴言都是匿名的。

格言就不同了。格言提供了類似所羅門、亞古珥、阿曼尼摩比等別具創意的人的獨特洞見。箴言和格言都是精煉的智慧文學，克倫肖（James Crenshaw）稱它們為建基於「蘊含真理的長期經驗」的簡短句子。[3]箴言和格言往往使用便於口傳耳聽的手法，例如韻律、韻腳、頭韻或諧音。這些手法全都使人更加容易記住它們。

普遍來說，格言作者的個人洞見可能違背人們普遍接受的傳統智慧；而箴言作者則從既定傳統的角度，以及為了這個悠久的傳統說話。我們稱前一類為反秩序（counter-order）智慧，後一類為傳統智慧。我們在箴言這卷書裏找到的是傳統智慧，由權貴所撰。這是上層社會在富足與和平的日子，從他們的角度所看見的情況。然而，傳道書記載的卻是反秩序智慧，是從上層社會圈子以外發出的異議。反秩序智慧通常在社會經歷相當大的創傷和混亂時出現。

這個觀察對我們研究新約聖經的智慧文學的重要性在於，耶穌和祂的跟隨者所說的，大部分都是反秩序智慧，就是在後的要在前、傾覆傳統價值觀的智慧。這種智慧反映了上帝的國、上帝神聖的拯救行動的介入。假如我們簡單地把被擄前的智慧作品（給以色列社會的），應用在現代基督徒的生活，沒有考慮到不同的社會場景和向導，就很可能會誤用這些箴言和格言。再者，這種誤用是典型的基督徒詮釋招數，當中反映了一種拒絕的心態——拒絕耶穌和祂的跟隨者論及金錢和財富的危險那種反秩序智慧。當我們討論耶穌自己對這些課題所持的觀點時，會再詳加說明。

聖經傳統中的智慧反映了人類相信一位透過大自然和聖經的特殊啟示去揭示自己的上帝。根據希伯來智者的說法，人可以透過三種方法得到智慧：透過細心察看大自然和人性、透過學習前人積累的智慧，以及透過與上帝會遇，祂在這樣的會遇中賜下特殊啟示（箴八章；伯四十～四十一章）。在希伯來傳統中，人要有理性和思維能力才能得到智慧。但是，智慧是從上帝，以及人與上帝的關係而來的——「敬畏耶和華是知識的開端」（箴一7）。

因此，討論箴言一書裏的智慧的世俗特色，實屬錯誤。以上帝為中心的思想才是箴言所有內容的基礎。

我要在這裏補充一點：箴言的智慧只是聖經智慧的其中一種。因此，它有它的限制和弱點，就如較後期的智慧文學（例如傳道書和約伯記）所示。在社會混亂的日子裏，箴言的智慧很容易備受質疑，有些洞見指出這些箴言和格言**並不一定總是對的，並不符合所有社會情況**；有些洞見也指出，因為有時候連義人也會受苦和經歷貧窮，而這種受苦和貧窮並不是對他們的負面評價或反映他們欠缺信心。約伯記正是關於「義人也可能受苦」這個課題的長篇沉思錄。

換言之，當時局失常、社會失序，人們經歷戰爭、創傷、饑荒與類似的情況時，符合常理的智慧就不適用，而箴言就成為可疑的陳詞濫調。舉例來說，對在蘇丹達佛（Darfur）集中營的基督徒難民宣揚成功福音絕對沒有意義。它聽來就像（也確實是）虛假的福音：在他們所處的社會環境，正常地努力工作、心靈手巧，並不會像在和平的日子那樣結出果子。在困苦的日子中，人需要的是啟示的智慧、從上頭而來的特殊洞見，因為單單研究人類普遍接受的智慧並不足夠。

我也必須指出，箴言這書卷（就像傳道書和約伯記）乃以某派獨特的創造神學為依據，正如我們在第一章所說的那樣；而其關於財富、金錢、成功的討論都反映了這派神學。根據這派神學的主張，智慧與創造並生；而研究創造，會得出關於生命的合乎上帝心意的答案。這正是為甚麼有些言論勸誡人到蟻冢那裏看看螞蟻作工，或把星體視為上帝指頭的工作等等（比較箴六 6～8；詩八篇）。聖經智慧有趣的地方，是它大部分教導都來自人類的層面，而不是無生命之物的領域（inanimate matter realm）。至於來自次於人類的生物領域（subhuman creatures realm）的教導，只是次要的。

在上帝的創造中蘊含了一個美善、真正、美麗的秩序，但是人類甚少能夠看見這幅更大的藍圖。諷刺的是，當人類細看這個世界時，學到的是我們不知道很多東西，因而明白到人類的限制（這是約伯記三十八章的功用）。這樣的創造神學假設人類的良心是真實的，我們可以訴諸良心，有能力作出理性和道德的選擇。但是，所有關於愚昧人和他們的愚昧言行的箴言，當然同時展示了人也可以誤入歧途。

除此以外，箴言將截然相反的東西並列，是為了防止人刻意挑選某個關於財富的智慧言論。舉例來說，箴言二十六章 4 至 5 節首先忠告人不要照愚昧人的愚妄話回答他，接著卻倒過來，忠告人在某些情況下要照愚昧人的愚妄話回答他。這對組合提出了重要的問題：我們該如何應用箴言？它們是永恆的真理，在任何情況都適用，還是只在某些特定情況下才適用？這弔詭的言論看來清楚表示它們較像是(一來一回的)對話，而不是純粹的說教。箴言的功用是在某些情況下向人提供經驗法則。箴言二十六章 4 至 5 節的每個忠告，都可能只適用於某個情況。

我們可以說，箴言裏反覆灌輸的道德價值觀，五經早已提及，也就是委身於上帝和上帝神聖的秩序、喜愛公義誠實、照顧窮人和有需要的人、把生命當作從上帝而來的禮物，以及藐視和避開邪惡的事。也就是說，智者認為人從大自然或人性辨明的東西（神學家稱之為普遍啟示），在某些方面，與妥拉中直接從上帝而來的啟示，並沒有多大分別。

孤立地討論關於財富的格言和箴言的其中一個主要問題，是它們並非孤立地存在；舉例來說，關於財富的格言和箴言，常在討論人是否公義的語境中出現，而關於財富的現代討論，卻甚少留意到這些道德關聯。箴言確切地提到領受福分的並不是任何一個懇求者，而是敬畏上帝的義人。換言之，這並不關乎作雅比斯的禱告，或單單祈求上帝賜下更多物質的東西，當中還牽涉到更多別的事項，例如成為義人和**不**貪得無厭。記住這一切後，現在就讓我們看看所羅門的格言和相關箴言。

所羅門的智慧話語

讓我們先看看箴言十章1節至二十二章6節中的一些內容，傳統把這段經文與所羅門相連。箴言十章4節說：「手懶的，要受貧窮；手勤的，卻要富足」。這句話並不是孤立存在的。我強調這一點，因為上文說：「耶和華不使義人受飢餓」(箴十3上)，寫下十章4節這句格言的人假設了這句話的對象的特徵，但這特徵卻無關乎勤奮與否。這個結論的進一步論證見於另一句：「福祉臨到義人的頭」(6節)。這段經文並不是透過命令反覆灌輸德行，而是透過行為及其後果的例子説明——我並不是指自然的因果關係，而是指從上帝而來的後果，**上帝**賜福某種人和人的某種行為。這裏假設現實有一個道德結構，以致某種行動一般會有某種特定的、可以預計的後果或獎賞。箴言十章9節和與它很相似的二十八章18節清楚表明這種道德行為與後果的概要。根據這些言論，行正路的人會在生命中得到較多保障。

假如需要更多箴言中關於成功與公義相連的證據，我們還有箴言十章16節：「義人的勤勞致生；惡人的進項致死」，這句話緊接著「富戶的財物是他的堅城」這句格言（編按：箴十15上）。正如我們所留意到的，箴言關於財富的言論，假設聽眾擁有財產，並且一定會成功。這些言論並不是指向奴隸或貧乏的人，或以這樣的人為對象。另一處提到義人的是箴言十章21節，接著21節的是「耶和華所賜的福使人富足」（22節）。研讀箴言十章整章，我們就會愈來愈清楚地看到敬虔、公義與長壽、保障、成功彼此有著密切的關係，而愚昧、邪惡、破壞與短暫的生命彼此也息息相關。再一次，這一切乃出於勸説相對富有的人，或那些有可能成為富人的人。聽眾是一羣特定的對象。

其中一種常在箴言裏出現的典型人物是懶惰人。這並不是指笨拙的愚昧人，而是作出差勁的道德判斷的人。懶惰人在箴言十章26節出現，也常在這卷書其他地方出現（箴六6～8，十4，十二24、27，十九15，二十一25）。懶惰人被描繪為無用、不得安寧、無助的人。對這樣的人來説，生活實在太艱難了。我們從這樣的典型人物學到：首先，智者對懶惰人或道德愚鈍或不智的人，並不太有耐性；其次，努力工作一般會得到報酬，好的道德判斷也一樣。

箴言二十六章27節道出了其中一個人們熟悉的關於害怕／敬畏耶和華的言論，而在這裏，它與長壽（至少與延長壽命）有關。毫無疑問，作者知道這個規律總有例外。有時候，好人和義人會在年青時死去。然而，重點是長壽是上帝的賜福，而上帝往往把它賜給敬畏祂的人。一般而言，在正常的情況下，當世界的運作與上帝的心意相當接近時，義人可以期望他們的計劃會結出果子。

或許最有趣和教人驚訝的，是智者針對的是一般的日常世俗生活。他並不是針對宗教儀式（或敬拜禮儀），而是針對敬虔人應該怎樣過每天的生活。同時要留意，作者並沒有提供任何經濟方案，沒有建議任何必定致富的方法，也沒有承諾上帝會把大量物質的東西賜予所有祈求祂的人。也要留意，連智者也不認為財富能使人防避審判日——只有公義才能。箴言十一章4節說：「發怒的日子資財無益；惟有公義能救人脫離死亡」。很明顯，公義是我們要反覆灌輸和致力追求的，而財富只是一時的額外好處，或是敬虔生活和努力工作的附帶結果。

箴言十四章4節在很多方面都很有趣。它的希伯來文直譯是：「沒有牛，空的馬槽，強壯的公牛，很多錢」。當人沒有牛，工作和麻煩都較少；當人有一頭很好的公牛，就會有很多收益。一頭健康的公牛可以生養很多牛犢，因而為主人帶來可觀的收入。這句話後半部分的重點是：要賺取財富或金錢，犧牲是必須的——包括時間、精力、資源的投放。箴言並沒有提供任何類似迅速致富的方案。我必須再次強調，作者將看似相反的箴言並列，是要提醒我們，智者知道這些對日常生活的概括總有例外。藉著將明顯相反的言論並列，智者要提醒人這些言論並非普世適用，而是要視乎情況和處境。

我認為在我們進一步討論傳道書之前，更加明確地指出箴言並沒有給奴隸或窮人的格言是重要的。在我們的時代使用這些資料，向那些貧乏的人灌輸無法實現的偉大夢想，既不負責任，又濫用資料；更差勁的是抱著「呼求就得著」——「只要你有足夠的信心」[4]——的態度來使用這些資料，以致當成功沒有突然出現時，人就會質疑自己的信心是否不足，甚至是信心在這樣的問題中所扮演的角色。當我們討論傳道書時，就更能看到我們在舊約聖經智慧文學中找到的箴言和格言，其實只能應用在中產或上層社會人士身上。

傳道書：截然不同的智慧

人怎樣回應生命中的危急事件？想想股票市場在一九二九年崩潰時，美國各處的銀行都關門大吉。人民一直以為他們的儲蓄在銀行裏十分安全，這時他們才突然發現，即使是銀行也不是絕對安全的。到了較近期，一些美國人在二〇〇八年經濟衰退和銀行結業的處境下，也學到這艱難的一課。每當危機臨到，智慧就變得不再一樣。而我們在傳道書裏找到的，正是為困境而寫的智慧，就是我們所謂的反秩序智慧。

約伯記探討了這麼一種危難情況：約伯雖然是個義人和好人，卻突然遇到很多苦難。約伯的故事是關於發生在某個人身上的事。然而，在傳道書裏的，並不是一個人的船隻突然毫無緣由地沉沒；而是整片海洋都在混亂中，所有人的船隻即使未被淹沒，也都面臨危險。因此，傳道書向我們在箴言裏找到的概述發出徹底的挑戰，這卷書尤其要挑戰箴言裏的行動—後果(act-consequence)綱領。[5]

傳道書似乎是在金錢漸漸「嶄露頭角」，成為經濟中重要元素的時代寫成的。大部分學者都主張這是舊約正典比較後期成書的書卷(而我認為是正確的)。這卷書的語氣大都存著質疑，而作者似乎假設金錢(而不是親屬關係、家庭，甚或行動—後果綱領)最能決定事情是否順利。舉例來說，讓我們看看傳道書五章8至14節：

> 你若在一省之中見窮人受欺壓，並奪去公義公平的事，不要因此詫異。因有一位高過居高位的鑒察，在他們以上還有更高的。況且地的益處歸眾人，就是君王也受田地的供應。貪愛銀子的，不因得銀子知足；貪愛豐富的，也不因得利益知足。這也是虛空。貨物增添，吃的人也增添，物主得甚麼益處呢？不過眼看而已！勞碌的人不拘吃多吃少，睡得香甜；富足人的豐滿卻不容他睡覺。我見日光之下有一宗大禍患，就是財主積存資財，反害自己。因遭遇禍患，這些資財就消滅；那人若生了兒子，手裏也一無所有。

很明顯，這裏對財富的一套設想，與我們在箴言找到的截然不同。財富非但不是上帝賜福的記號，這裏還論到不義之財、貪愛錢財(這被視為惡事)、貪婪。人擁有愈多，就消耗愈多，卻沒有得到真正的益處。的確，在社會失序的情況下，富人在晚上無法安睡，不似那些沒有甚麼可失去的人。作者還論到窮人在稅收和農作物的什一奉獻這些事上受欺壓。是的，他的確認為財富和財物有時候來自上帝，而不是邪惡(傳五 19)；但是，有時候上帝會阻止富人享受他們的財富。因此，傳道書六章 2 節說：「就是人蒙上帝賜他資財、豐富、尊榮，以致他心裏所願的一樣都不缺，只是上帝使他不能吃用，反有外人來吃用」。下一節經文哀歎，擁有財物的人無法享受他的成功，甚至不如那「不到期而落的胎」!

在這裏，我們看見黑暗的一面，也就是隨著財富與成功而來的問題：人們在墮落世界裏感到不安全，無法享受自己所擁有的，慾望無法得到滿足或貪得無厭。假如我們細讀傳道書十章，就會發現掌權者似乎在監視和詐騙人民，人民也不信任掌權者，而欺壓已經滲透社會的基本結構。社會已經敗壞到每個人只為自己謀算的地步。這卷書經常提到的（不快樂的）個人主義，往往是因為掌權者與人民之間，以及富人與窮人之間那由信任組成的社會網絡的破裂所致。

作者似乎嘗試糾正某種出自智性（或以智慧為導向）的輕率和膚淺地看待生命的方式。他想指出，努力工作和持守真正的信心總會得到富足生命這觀念根本站不住腳。他也想否認：人在苦難當中或經受各式各樣的欺壓時能夠輕易辨明上帝的作為。他的基本洞見是：有智慧地生活是好的，但是在黑暗的日子這樣做，卻不一定會帶來快樂、健康或富足的生命。換言之，德行在這樣的日子本身就是一種報酬，除此之外，它得不到其他足夠的補償。

死亡的影子在不同的地方籠罩著這卷書，而死亡和陰間有時候也對所有追求成功或美好生命的人，投上虛空和荒謬的影子。這導致智者聳聳肩，主張人必須抓住現在（傳九 10，十一 9）。這卷書在舊約正典裏的角色，似乎是藉著鼓勵人稍微誠實地面對生命幽暗的一面，從而在墮落的世界裏，使智慧保持誠實。

當然，這裏所欠缺的，與其他早期智慧文學所欠缺的一樣，就是沒有任何種類的關於來生的見解，或來生得到的報酬或補償。我們可以大膽地說，假如作者相信人死後，事情會矯正過來，尤其是生命中的不公與邪惡會逆轉，那麼他就會以不同的眼光看生命，而不只是視之為虛榮或捕風。這是耶穌的智慧教導（那也是反秩序智慧）與傳道者的智慧教導的主要分別之一。耶穌相信情勢在審判之後會逆轉，事實上，祂相信祂的事工已經啟動了那個逆轉。傳道書七章 1 節是個說明傳道者可以怎樣引述一句古老的智慧規語，接著大大地修飾它很好的例子：「名譽強如美好的膏油」(所羅門可能這樣說過)，「人死的日子勝過人生的日子」(諸如所羅門的較早期君王智者應該不會這樣說)。

傳道書五章 10 至 20 節還有更多相關記載的反思。這幾節經文證明作者認為財富會在它的主人心中製造不安，而非帶來滿足或心靈的平安；財富不會帶來歷久不衰的益處，從負面的角度來看，它反而吸引了寄生蟲；財富令人無法安睡、憂心忡忡，而窮人或工人卻在晚上得以安睡；財富無法保證它會提供保障，以防不明朗的將來——財富來了，但很快就會消失；最後，我們無法帶走財富，因此我們若是擁有它，倒不如享用它。傳道書五章 19 至 20 節似乎主張勤奮與成功、努力工作與財富並不一定有正面關聯；反之，財富是從上帝而來的禮物，而得以享用它的能力也一樣來自上帝。但是，上帝可能不把這些東西賜予忠心的人。

作者顯然採取了一種獨立的進路理解智慧。他有時候接納傳統的智慧，有時候修飾它，有時候拒絕它。留意傳道書八章 12 至 13 節的弔詭特質：「罪人雖然作惡百次，倒享長久的年日；然而我準知道，敬畏上帝的，就是在他面前敬畏的人，終久必得福樂。惡人卻不得福樂，也不得長久的年日；這年日好像影兒，因他不敬畏上帝」。傳道者在這裏使用對話形式的論述，絕對有可能是為了促使聽眾反思生命中那明顯的矛盾之處。因此，他可能是在說，在這一整列格言裏的某處隱藏著真理，而真理並不只在某一端。至於真理隱藏在哪裏，則由格言針對甚麼情況而定。

細讀傳道書八至九章，就能確定作者並不認為公義、長壽、成功之間，又或換句話說，在健康、財富、忠心的生活之間，一定有關聯。雖然有時候這些東西之間的確有關聯，但卻不總是這樣，原因並非人自身欠缺信心，甚至不是人自身欠缺公義。對傳道者來說，時局是如此失常，這從傳道書十章5至6節可見一斑：「我見日光之下有一件禍患，似乎出於掌權的錯誤，就是愚昧人立在高位；富足人坐在低位」。箴言所假設的傳統既定秩序，到了傳道者的日子已經破裂。他並沒有認可這樣的事態，但是他把它視為一個事實。對我們來說，最重要的是要了解到，傳道書並沒有天真地理解成功，因而以為財富總是上帝的禮物，不是欺壓和貪婪的結果。如果以傳道書為依據，要知道怎樣回應成功就變得十分困難。假如成功是從上帝而來，傳道書會忠告我們嘗試享受它——雖然作者並不會對透過不誠實的手法得著不義之財的人這樣說（從不鼓吹不誠實的營商手法是智慧文學的常見主題）。雖然就著其反秩序和反直觀（counter intuitive）特質，傳道書在這些課題上近似耶穌的某些教導，但傳道者卻沒有提供終末論或盼望，相信一切到了末後的日子都會變得很好；但是，耶穌卻有提供這樣的盼望。

結論

總括來說，假如我們要使用舊約聖經關於財富和成功的教導，那麼我們就必須使用全部，而不是斷章取義地挑選一小部分合我們心意的警句。也就是說，我們不單要公平對待箴言裏各式各樣和弔詭的教導，也要公平對待傳道書裏更富挑戰的內容。財富和成功在傳道書中，並非毫不含糊的美德，也不一定總是上帝賜福的結果。書中明顯關注富人和掌權者對窮人的欺壓。貧窮不一定是上帝咒詛的記號，就如財富不一定是上帝賜福的記號；否則扶貧和紓減貧窮（尤其是受欺壓所致的貧窮）的訴求是令人費解的。

就如我在第一章指出，任何研究這些內容的基督徒務要記住，必不可把它們抽離整部新約聖經對相關主題的教導。再者，我們也要緊記，無論如何，在基督降臨後，基督徒根本不再是活在舊約的體系之下。基督徒的道德行為標準與舊約聖經不同，在某些方面甚至更加嚴厲。而我們思考財富和貧窮、富裕和金錢，以及相關課題的視角，也在耶穌和祂跟隨者的教導，以及處境的終末特徵之下，有了變化。關於「金錢、管家、財富、成功和／或健康」的基督教神學，最終不可以舊約經文為主、為基礎。但是，即使有人要以舊約為他們思考的基礎，也要公平對待箴言和傳道書裏各式各樣，並且往往互相矛盾的內容。

耶穌身處的以物易物世界中的金錢

只要不要求借貸，友誼本質上那神聖的愛是多麼甜美、穩固、忠誠、歷久不衰，以致它必持續一生。

馬克・吐溫（Mark Twain）

身為聖經的現代讀者，我們必須意識到的其中一個挑戰，是時代誤置（anachronism）。我是指我們全都傾向把現代觀念和處境，投射在聖經的古代世界和文化上，導致扭曲或誤解經文。我們關於金錢和成功的見解，似乎尤其容易受到時代誤置的影響。然而，只要稍微反思，我們都會知道古代的經濟體系必然與我們今天的不同；而在耶穌身處的古代世界裏，金錢的功用必定也有別於它在今天所扮演的角色。在開始進行我們的研究時，為了避免時代誤置，我們要看看古代經濟，以及市場和金錢在耶穌和祂門徒身處的世界中，是如何運作的。

古代經濟：農業世界

農業是所有古代經濟的基礎。在耶穌身處的時代，以及在耶穌之前和之後的時代，都是這樣。雖然我們的思想傾向以主導著今天西方世界景象的都市文化和城市生活為出發點，但是在古代，大部分人都在農場或農村的環境工作。那時的經濟並不是由股市、投資銀行或普通銀行主導，而天氣比任何別的單一元素更影響經濟。饑荒和隨之而來的食物短缺，在古代幾乎恆常出現，經常影響著大部分古代人的日常生活。在沒有冰箱或雜貨店的世界，人們的日常關注，包括對雨水的祈求、對豐收的渴求，從來就沒少過。

新約聖經在羅馬帝國剛開始的時代寫成。耶穌在一世紀二十年代後期開始傳道。當時，羅馬帝國控制了整個地中海地區——從羅馬直到埃及（和更遠的地方）。也就是說，我們要記住的最基本實況是：那段時期的經濟並不是地區性的，而是**全球性**的。這個由羅馬管理的龐大經濟體系，覆蓋了整個地中海半月灣地帶（Mediterranean Crescent），包含了聖經裏提及的所有地區。古代的埃及——相等於我們今天的堪薩斯州（Kanas）和大草原農場州郡——就是出產最多小麥的產地。（當然，有好幾個世紀都是這樣，就如創世記裏雅各在饑荒時下埃及的故事所清楚說明的。）關於古代經濟，我們還有第二個重要的事實要強調：在古代社會，不單農業事務由有權有勢的權貴控制，普遍的社會層面（包括經濟事務）全由他們控制。因此，就如奧卡曼（D. E. Oakman）所說：「古代經濟是政治經濟」。[1] 政治控制格外重要，因為可以預見的是，常見的饑荒會為受影響地區帶來相當大的社會動盪。

在聖地，冬天才是雨季，到了夏天就會很乾旱。即使是今天，以色列在五月尾到九月尾也甚少下雨。人們在以色列旅行時能見到茂盛植物，主要是因為當地有精密的灌溉系統，而不是因為雨量充足。在古代，以色列南邊的南地（Negev）每年的降雨量估計少至五十毫米，而北加利利最多也只有八百毫米。缺乏大自然的水分意味著古代人要使用旱地農作法，只犁起表層的土壤，好保留較深層土壤的水分。以色列地過去和現在都「有小麥、大麥、葡萄樹、無花果樹、石榴樹、橄欖樹，和蜜」（申八8），因為農夫都會種植迅速生長、能夠抵抗乾旱的農作物。在這個地區，穀類、葡萄酒、橄欖、無花果在過去和現在，都是生活的主食（參何九2～4；箴九5；尼五11）。

根據這個農耕循環，人們在春末收割穀類；在夏天採摘葡萄，之後製成葡萄汁；在初秋收採橄欖；鮮甜的無花果也在秋天而不是春天成熟。只有較不好吃、比較苦味（雖然可食用）的果子才在春天出產（記住耶穌在春天詛咒無花果樹）。種植穀類尤其需要人力，在收割前要不斷驅趕鳥獸和清除雜草。

當然，種植農作物並不是家庭的惟一食物來源。古代人也會牧養綿羊和山羊。山羊奶和以它製成的芝士，為人們提供重要的營養。要記住，大部分古代人並不經常屠宰動物食用，他們負擔不起這樣做，他們的飲食比大部分現代人包含更多素食。耶路撒冷的「聖殿經濟」(temple economy)依賴人們在獻祭時獻上大量動物作祭牲。因此居住在伯利恆和鄰近地區的商人的飲食也一樣包含更多素食，因為他們出售綿羊和小鳥作祭牲。

在聯合收割機和機械工具還沒有出現的時代，收割和處理穀類全由動物和人手完成。大部分人居住在鄉村或農村，以務農為生。但是，有少數權貴居住在城市，擁有房產，並有閒情投身追求其他事情，包括教育、宗教、政治。奧卡曼說：「工業化之前的農業所產生的有限盈餘，限制了權貴的人數只佔絕少數……在這樣的帝國裏，鄉村經濟以本地需要和農業為主；都市經濟則建基於盈餘稅款(taxation of surplus)和惠及權貴的盈餘再分配」，[2]他似乎是正確的。於是，獲得真正成功——遠比我們今天所想的財富要少很多——機會的，僅限於極少數人。

由於缺乏現代的商場和商店——在出現任何專門的商業之前——鄉村的居民會自己造衣服鞋襪和工具，一般也會自行建造房屋。然而，當時也有一些由少數人控制的貿易，包括玻璃製品(包括飲用器皿)、武器、精緻的家具。當然，錢幣的鑄造也由權貴嚴格控制。在古代，金錢總是單由社會的權貴製造和管理，也經由他們用在不同的政治和宗教宣傳上。金錢「根本是權貴的工具，方便他們收集稅款或促進由他們資助的商業活動」。[3]因此，在耶穌傳統(Jesus tradition)裏，金錢幾乎只在討論某幾種稅項、入境稅或聖殿獻金時才出現，這並非出於偶然。金錢並非如今天般，是整個經濟的基礎。古代的成功人士或富人，絕對有可能只有很少或完全沒有金錢，也肯定沒有金錢可投放在銀行或聖殿庫房。再者，我們知道，早期的猶太教徒十分抗拒納稅的主要原因，是因為它帶來的經濟方面的負面影響。交稅後，很多人所餘無幾，難以養家。有趣的是，雖然在歷史上，猶太人對工作（包括體力勞動）有很高的評價，希臘與羅馬權貴卻鄙視靠雙手維生的人，這態度似乎在耶穌身處的時代之前已經滲透在猶太上層社會的文化中（參《便西拉智訓》〔Sir.〕38:25～34）。

研究古代經濟的學者時常提到「有限物資」（limited good）的概念。在聖經文化裏，社會長期維持著低生產力，也沒有任何能顯著提升生產力的方法（例如肥料和現代灌溉技術）。在這樣的現實環境下，古代人傾向相信生命中的物資是經過分配的，甚至是由上帝分配的，它們不會增加，絕對是「有限」的。也就是説，假如人想得到一些自己沒有的東西，他們就要以物易物（或偷取它）。這完全異於為了增加收入和消費能力而設法創造「更多」。在這些壓力下，再加上旱災經常發生，土地的出產力被耗盡，很多古代人認為生產力時常下降是理所當然的，因此成功的機率也會定期、周期性地相應減少。

另一個影響古代經濟的因素是榮辱意識形態（honor-shame ideology）。貧窮不單被視為不幸，也是可恥的。窮人是社會的恥辱，甚至可能是上帝摧毀的人；反之，富人在社會上往往被視為最值得敬重，是蒙上帝賜福的人。但是，情況並不一定是這樣。希伯來聖經不乏保護孤兒寡婦的法例和告誡（出二十二 22；賽一 17），耶穌和其他人也延續了這個主題。我們也從箴言和傳道書中看到，邪惡的富人並非不存在，他們也會受到批評（箴二十二16，二十二23；傳四1～3）。因此，我們可以如實地說，有一類敬虔的窮人，他們是經濟的榮辱意識形態的例外。

更多關於耶穌身處的時代的經濟實況

除了榮辱意識形態和影響農業和農作物收成的因素之外，還有兩個重要的經濟實況影響著當時聖地的人的生活。第一，猶太地區直接由羅馬省長統治；由身處他方的地主經營的龐大莊園，則控制著大部分經濟。大部分農民都是佃農。假如地主沒有來向這些農民收稅，就會由稅務警察代勞；農民以實物或硬幣交稅。莊園管理人、稅吏、奴隸時常在福音書出現（路十二42，十六1～8；可十三34～35），並非出於偶然。

第二，由腐敗和不敬虔的希律安提帕（Herod Antipas）管治的加利利，情況不見得好很多。（留意路加提到希律在這地區擁有莊園，並雇用管理這些莊園的家宰〔路八1～3〕。）面對龐大莊園的欺壓，農民難以維生。有些人甚至被貶為散工，被迫遷離土地。除此之外，還有一些工匠（如石匠、皮匠、木匠等等）像耶穌那樣，要靠著在希律的大型建築工程中打工，賴以維生。其中一個大型建築工程的例子是位於離拿撒勒不遠的新興城市塞法里斯（Sepphoris）的建築物。

說了這些後，我們不應該誤以為在耶穌身處的時代，其文化中存在的經濟張力的特質，純粹是社會方面的。務要記住：五經的神學對整個猶太文化有悠久的影響。就如斯特格曼兄弟（Ekkehard Stegemann、Wolfgang Stegemann）所說：「有證據支持以下說法：在這個傳統中，社會經濟方面達到了某種平衡，尤其是關乎農民（例如禁止收取利息，以及最重要的借貸律法中的債務豁免條例）和祭司（例如收稅的權利）的利益，並且這種平衡被提升為神聖的律法傳統。」[4]類似禧年、禁止收取利息、照顧孤兒寡婦——更別提地和其中所有的都屬於上帝這創造神學的基本觀念——的文化規範和習俗，在耶穌身處的時代肯定發揮了作用。它們不單塑造了人思想金錢和經濟的方式，也塑造了他們的行為。

為了進行我們的討論，我必須強調耶穌是在這樣的神學定位上發言的。舉例來說，祂在家鄉的會堂首次講道時宣佈禧年已經來到，不單奴隸得釋放，欠債的犯人也得釋放（路四章）。[5]耶穌似乎總是把關乎金錢的事宜連於上帝的事宜。當然，祂不是惟一這樣做的人。關於法利賽人投訴耶穌的門徒在安息日因為肚子餓而在田邊摘麥穗一事，法利賽人認可窮人有權利這樣做，他們很可能是在投訴不應在安息日這樣做（參可二 23～24）。

我們還有一個未提及的重要經濟因素：加利利海的捕魚業。這為當地居民提供了額外的食物和收入來源。我們可以頗為肯定地說，在耶穌身處的時代，加利利海沿岸地區似乎有頗多出產，而捕魚業也一樣收穫甚豐。約瑟夫（Titus Flavius Josephus）事實上就強調過加利利的豐富生產力及其肥沃的山谷。[6]

耶穌身處的時代的具體經濟趨勢也同樣重要。斯特格曼兄弟強調：「工藝、商業……貿易在以色列地發展蓬勃，這些發展尤其與希臘化（希臘文化的擴張）有關，而這也帶來某種都市化。始於波斯（被擄）時期的貨幣制度，其流傳也促進了貿易。在這之後，巴勒斯坦在經濟上也融入了地中海東部地區，且在之後融入了羅馬帝國境內更廣泛的地區。手工藝某程度上得以專門化和獲得特殊對待。」[7]

猶太地和加利利都因著希律那規模極度宏大的建築項目，而更加需要不同類型的工匠。這些建築項目包括耶路撒冷的聖殿，還有安東尼亞堡（Antonia Fortress）、希律堡（Herodium）、沿海的該撒利亞（Caesarea by the Sea）、死海的瑪撒大（Masada at the Dead Sea）、提比利亞（Tiberia）的城市、加利利的塞法里斯等地的建築，以及將巴尼亞斯（Banyas）重建成希律腓力（Herod Philip）的首府該撒利亞腓立比（Caesarea Philippi）。想想看，與耶路撒冷聖殿有關的維修和活動，多麼需要大量工人！除了建築工人，還需要很多其他工人：金匠、銀匠、陳設餅烘焙員、製香的工人、把綿羊和小鳥從鄰近的牧場帶到耶路撒冷獻祭的人、看守穀倉的人、司庫、祭司和各個崗位上的利未人、兌換金錢的人、販賣動物的人、樂手、教師、文士、律法師。[8]

一方面，加利利十分接近古老的香料貿易和南北貿易要道，包括當中所謂的王道（King's highway），就是從彼特拉（Petra）沿著裂谷而上，直到加利利海的東邊的大道。這條大道把非以色列出產的鐵、銅、鉛、金、銀，以及可能是最重要的香料帶到以色列。另一方面，南加利利與進行海上貿易的地區相距甚遠，而且沒有臨近這些地區的海港（約帕〔Joppa〕對大部分加利利人來說太遠了）。工藝、商業和貿易肯定在加利利的經濟上扮演著重要角角，但它們都沒有農業那麼重要。

希律到底怎樣支付龐大建築項目的開支呢？藉著徵稅，更準確地說，是在羅馬的稅項上徵稅。此外，在不同地區的邊界都有收入境稅的人。耶穌似乎遇到過稅吏和收入境稅的人，並帶領他們歸信。希律兼併土地，把小型農場合併，變為大型莊園，雇用莊園管理人、奴隸和其他人打理。這個情況不單在猶太地出現，也在加利利出現。我們可以區分由希律擁有的王室莊園和由其他權貴(包括那些在猶太地的)、撒都該人，以及該亞法(Caiaphas)等祭司家族擁有的貴族莊園。

正如這些實況所顯示，希律根本把整片土地視為自己的領土，假設自己有權利隨時沒收看中的屬於小農民的土地。無論是新建的莊園，還是一些運作已久的莊園，其面積都十分龐大。舉例來說，考古學家在示劍(Shechem)附近發現的莊園面積達二千五百英畝，曾有一百七十五個或更多家庭在那裏居住和耕種。沒收土地的過程使小農民變成佃農——儘管那些地原本是他們的——甚至是散工。據估計，希律自己每年從直接稅收可得約一千他連得，這清楚説明人民的税務負擔繁重，尤其是當任何一位希律進行耗資甚巨的建築項目時，更是這樣。[9]沒收土地使農民再也無法自足，淪為為新的莊園主人工作，甚至成為那些建築項目的工人。説「小農民面臨負債和土地被徵收是這個時期的羅馬的標記」，並不誇張。[10]當整個農村的生計變成依賴一個大莊園的主人，平民百姓於是漸漸從小農民淪為佃農，再淪為散工，甚至成為乞丐，不幸地，這就是這個時代的主要特色。很明顯，耶穌在祂的比喻裏探討散工和其他被剝奪土地的人民的苦況，並非出於偶然。

希列(Hillel)是耶穌身處的時代之前一位廣為人知的猶太拉比，他藉著一本名為 *Prosbol* 的律法小説(legal fiction)，使債務在禧年之後仍被保留。[11]這極不恰當地破壞了申命記十五章關於禧年的條例：要完全免除他人的債務。假如耶穌知道希列這人的存在，祂必定會完全否定他的做法，這不但明顯見於路加福音四章，亦見於主禱文中論到求上帝免去我們的債，如同我們免了人的債。希列可能是出於好意，嘗試使窮人能夠借到所需的貸款，因為禧年這個規定被視為律法，放債人會因此不願借錢給窮人度日。即使如此，*Prosbol* 帶來的實際社會影響對債權人，而非借貸者更加有利。

在愈來愈多人被迫落得貧窮的社會環境裏，難怪早於主後六年，社會上就興起了以加利利人猶大（Judas the Galilean）為首的奮鋭黨運動（movement of zealots）。奮鋭黨人已作好準備，在必要時使用暴力，為被剝奪一切的小農民奪回土地。

耶穌身處的時代的納稅情況

為了全面了解在耶穌身處的世界，人民肩負的稅務重擔，我們需要記住，宗教稅（例如聖殿稅）與國家稅或省稅是有分別的。宗教稅不單包括福音書裏提到的聖殿稅，也包括什一奉獻和頭生物稅項。另一方面，國家稅包括了人頭稅（路加福音二章提到的「報名上冊」）和土地稅，也有不同種類的銷售稅、貨品稅、入口稅和出口稅，以及在邊界收取的入境稅。還有更流行的「強行徵用」的做法，被稱為 *angaria*，就是人民非自願地被徵召服勞役（參馬太福音五章 41 節和古利奈人西門〔Simon of Cyrene〕被捉去替耶穌背十字架的例子）。

在馬加比（Maccabean）時代和哈斯摩尼（Hasmonean）時期，進貢曾一度中斷，從主前三十七年開始，大希律（Herod the Great）再次挑起猶太人要進貢金錢給他們的領主（即凱撒）一事，這事涉及透過希律，間接進貢；但在主後六年，當亞基老（Archelaus）失去王位後，就變成直接納稅。這是猶太人第一次直接「把凱撒的給凱撒」。十四歲或以上的男性家庭成員和十二歲或以上的女性家庭成員都要納稅，大約是每人每年一錢銀子（denarius；可十二 13 ～ 17）。不要把這與聖殿稅混淆，聖殿稅是連住在散居地的猶太人也會送到耶路撒冷聖殿去的。我們將會在本書之後的討論看到，耶穌對這兩種做法都作出了評論。

羅馬人以要求別人為他們做厭惡性工作而惡名昭彰，而收稅一事，他們也經常假手他人。於是，猶太人替他們的羅馬領主向猶太人收稅。舉例來說，留意路加福音十八章 10 至 13 節的故事，那裏記載了聖殿裏有一個猶太稅吏和一個法利賽人；也要留意路加福音十九章關於一個名叫撒該的富有猶太稅吏的故事，對他來說，悔改就是（開始）把他訛詐了別人的東西歸還。

難怪猶太稅吏都會被人視為叛徒，避之則吉，因為他們不單收聖殿稅，也替欺壓他們的人收稅。很多猶太人認為自己根本不應該納稅，因此有人就這事問耶穌（可十二 13 ～ 17）。收稅的工作採用出租制，價高者得，而訛詐也是慣常的做法，因為稅吏除了自己要獲利，還要按之前議定的金額付款給出租人、領主。很明顯，在很多情況下，稅務的擔子沉重得教人無法承受。據估計，當時的「國家」稅高至每人三錢銀子（在宗教稅之外）。一錢銀子大約等於一名散工一天的收入，而這是他賴以維生的工價；因此，三錢銀子是過高的稅額。雖然我們無法確定猶太人何時開始要繳付聖殿稅，但是那肯定是在耶穌身處的時代之前，可能早在哈斯摩尼時期（主前一四○至一三七年）已經開始。[12]

猶太人是怎樣繳交耶路撒冷的聖殿稅的？並不是所有人都會到耶路撒冷去，把金錢交到聖殿的庫房。猶太作家斐羅告訴我們，神聖的金錢（holy funds）由農村或城裏受人敬重者收集，並交到城裏的庫房。之後，可靠的特使會被差派到耶路撒冷繳交這些稅款。[13] 這些特使似乎會在節期期間去耶路撒冷，因此他們可以與前往慶祝逾越節或其他節期的朝聖者同行（人多比較安全）。

用來繳交聖殿稅的金錢被視為神聖的金錢，這尤其因為它長年累月都用在贖罪祭上。用來繳交聖殿稅的錢幣，是推羅人（編按：《新標點和合本》譯為「泰爾人」）的半舍客勒（Tyrian half-shekel），因為它由純銀造成，並且重量一致(見下文)。雖然在它上面刻有赫拉克勒斯（Herakles；又稱海格力斯〔Hercules〕）和多利買的鷹（Ptolemaic eagle）的圖像，卻沒有阻礙它成為使用在聖工上的錢幣。在耶穌身處的時代，聖殿的範圍內出現兌換金錢和販賣動物的人似乎是新的做法，因為他們之前都是在聖殿之外的。耶穌認為這是一種褻瀆，尤其是當這個神聖地方的範圍內涉及不公平的交易。

或許同樣重要卻沒有太多新約聖經學者在研究中討論過的，是支付給祭司的什一奉獻（十分之一；參民數記十八章 21 至 32 節和尼希米記十章 38 節論到被擄後的做法；比較《禧年書》〔*Jubilees*〕13:24 起）。約瑟夫說他認識一些透過收集這些什一奉獻而致富的祭司。[14] 有人質疑那欺騙寡婦、被耶穌特別斥責的律法師正是為這些祭司工作（見下文）。

關於聖地一帶在耶穌身處的時代的貨幣和經濟情況，以上內容已足以提供一個概貌。除了對一些權貴有利之外，這並不是一幅美麗的圖畫。這是當時的社會處境，是我們嘗試理解耶穌關於金錢和財富的評論時必須考慮的。在那個時代，財富和巨額財產往往與貪污、腐敗、訛詐有關，而不是連於上帝的賜福。刻著異教統治者或希臘英雄肖像的金錢，並沒有被視為道德中立的資源。現在我們詳細討論一下那個時代的錢幣。

王國的錢幣

多年來我收集了各式各樣新約聖經提及過的一世紀錢幣，我將在這裏為你一一描述。首先，這些錢幣中面額最大的是推羅人的舍客勒（在推羅鑄造），它一面刻著赫拉克勒斯（海格力斯）的肖像，另一面刻著多利買（埃及的亞歷山大〔Alexander in Egypt〕的繼承者們）的鷹的圖像。推羅人的半舍客勒顧名思義，是一舍客勒大小和重量的一半。在這裏我們要留意，人們在鑄造錢幣之前，已經以珍貴的金屬交易；而貿易的方式則根據這些珍貴金屬的重量而定。這種對重量的關注，也延伸到評估錢幣價值的過程，金屬的種類和它的重量在這些事情上很重要。這些錢幣被帶到耶路撒冷聖殿，用作繳付聖殿稅。

另一種以銀鑄成的錢幣是一錢銀子，一般刻有某個皇帝的肖像。我擁有的兩個分別刻著奧古斯都（Augustus）和尼祿（Nero）的肖像。大部分猶太人認為這些錢幣刻著偶像的肖像，尤其因為這些錢幣提到皇帝是「神聖的或被奉為神明的奧古斯都」的兒子或後裔。這些錢幣一般用來向羅馬交稅，人們要求耶穌評論的錢幣，就是這種錢幣（太十七 24～27）。錢幣的另一面可以有不同的圖像。奧古斯都的錢幣背面刻著他兩個姪兒該尤斯（Caius）和路修斯（Lucius）的肖像，而尼祿的錢幣背面就刻著神廟的圖像。（尼祿錢幣上所刻的字「奧古斯都的神聖兒子尼祿凱撒」，可能是“666”這個具象徵意義的數字的由來。每個希臘文、拉丁文、希伯來文字母都被賦予一個數值，而這段文字的數值「加起來」是

“666”；此外，人們也在啟示錄十三章17至18節的一些文本中找到“666”，視乎你加起來的是哪種語言的文本。）

另一種錢幣是雷普塔（lepta），又稱為寡婦的小錢（widow's mite），就是耶穌看見一個婦女投進耶路撒冷聖殿奉獻箱的那一種（可十二41～44），它的面值遠遠及不上之前提到的錢幣。有趣的是，貧乏的寡婦竟會有錢幣，但是她擁有的錢幣面值都是較低的，比現代的一分錢（penny）還少，因此這現象也就不足為奇。與我們的一分錢一樣，雷普塔也是由銅鑄成的。而雷普塔與其他由猶太人鑄造的錢幣一樣，都沒有刻人類的肖像。我擁有的那個一面刻著既像輪子又像玫瑰花的圖像，另一面刻著一個油燈。

其他有助我們討論的錢幣是地方巡撫的錢幣（procurator coins），分別是本丟彼拉多錢幣（Pontius Pilate coin）、非斯都錢幣（Festus coin）、腓力斯錢幣（Felix coin）。彼拉多錢幣與腓力斯錢幣都是由青銅製成，與在猶太地鑄造的一般錢幣一樣。它的特色是一面刻著橄欖枝，另一面刻著牧人的曲柄杖，象徵領導權。正如我們已經指出，錢幣是主要的宣傳方式。這些錢幣象徵羅馬總督會和平來到，並將成為仁慈的領袖。（唉，可惜甚少如此！）腓力斯錢幣更加有趣，它一面刻著結著果實的棕樹，另一面刻著羅馬皇庫（Roman fiscus），象徵羅馬的司法。腓力斯錢幣十分重要，因為它幫助我們追溯腓力斯和非斯都的統治期，由於當時的皇帝革老丟（Claudius）在主後五十四年逝世，而錢幣上刻著皇庫的一面有提及他。

大希律也鑄造了他自己的錢幣，這並不教人驚訝，因為他幻想自己是希臘化時期眾多偉大領袖的其中一員。他的錢幣並沒有刻上圖像，也沒有呈現出那個時代其他錢幣所呈現出的工藝和技巧。即使在大希律當政時期，猶太人還是選擇以推羅人的舍客勒繳付耶路撒冷的聖殿稅，這並非出於偶然，因為這些舍客勒是那個地區錢幣的金本位貨幣制度（或嚴格來說，是銀本位貨幣制度）。大希律統治了一段很長的時間，從主前三十七年到大約主前二年他逝世為止，因此有大量他的錢幣流通著。但是，大希律選擇主要以建築物而不是錢幣為自己留名。這可能表明在處理他的臣民的猶太情感時，他至少在某些方面比地方巡撫更精明。大希律當然不是純正的猶太人，不僅如此，他還是以都民人（Idumean），這一點令很多猶太人對他反感，雖然這可能比他是羅馬人好一點。[15]

總括來説，讓我重申一些關於新約世界的經濟體系的重點：

1. **古代經濟並不是貨幣經濟**，錢幣主要用來繳付稅務、入境稅、貢金。它也可以用作嫁妝（參失錢的比喻和寡婦的小錢的故事）。

2. **耶穌身處的世界並沒有自由市場式資本主義**，財政事務（訂立稅率、勞工成本等）往往任由權貴為所欲為。以物易物依然是常見的做法，這種交易方式也會受恩庇侍從的關係（patron-client relationship）等事宜影響。換言之，在耶穌身處的世界，金錢並不像它在今天這個世界扮演著一般等價物的角色。社會身分和地位決定了人可以進行哪一種經濟交易。土地，以及隨著擁有土地而來的社會地位，比擁有鑄幣權更加重要，尤其是在缺乏可耕種土地和肥沃土壤的小國家中，更是這樣。

3. **金錢在古代有明確的宗教意味**，今天卻不然。在耶穌的身處的社會，政治、社會、經濟、宗教事項是混為一體的。

4. **宗教價值觀影響人怎樣看財產、金錢、成功**，而鞏固著猶太人的宗教價值觀的，是萬有最終都屬於獨一的創造主上帝這個信念。

5. **到了耶穌身處的時代，猶太人已有很長的一段時間失去自己國家的統治權**，也有一段很長的受欺壓歷史，即使在聖地也是這樣。因此，要獲得財富往往涉及勾結同胞中的欺壓者。無論誰擁有財富或變得富足，假設財富純粹是上帝賜福的日子已不復見。財富可能是從上帝而來的賜福，但是它也可能是貪污、邪惡的記號。

耶穌所處的社會

在結束這一章，轉而討論耶穌如何看待金錢、財產、成功時，我們需要對耶穌身處的社會作少許額外的、令我們的定位更清晰的評論。第一，要留意除了一些王室成員或權貴，金錢和財產都是一面倒掌握在男性手裏。在當時的文化中，有不同類型建基於性別不平等的雙重標準，包括財產的擁有權。很多早期的猶太人普遍認為女性沒有權利擁有財產。[16]同樣，論到性別關係，女性和男性有著截然不同的角色。人們期望女性照顧家庭、打理家務，或許也在農務上幫忙；男性則是家庭對外的代表，在以物易物時與其他男性交涉，與稅吏交涉，與村裏的長老協商等。由於耶穌並不常推崇這些性別差異，祂論到金錢、資源、孝敬父母等言論時，往往違反當時文化的社會習俗。

第二，耶穌生活在一個動盪的時代。猶太地被地方巡撫本丟彼拉多於主後二十六年接管。彼拉多推行了一連串傷害猶太人宗教情感的事情，包括嘗試在耶路撒冷的聖所上端，插上有鷹的圖案的羅馬軍旗（比較路十三 1）。人民並不信任他。耶穌對殺害祂表兄施洗約翰的希律安提帕評價更低，稱他為「那個狐狸」（參路十三 32）。因此，我們必須從一個**敵對情況**（adversarial situation）的處境，來理解耶穌關於財產、成功、金錢的討論；在這種敵對情況當中，已經有些猶太人準備以武力對抗他們的欺壓者——騙子、訛詐者、稅吏、統治者。

第三，不言而喻，耶穌是個敬虔的人。祂對宗教的委身使祂在不同時候到耶路撒冷去，即使當中有危險。這種委身大大模塑了祂對金錢與財物的討論。舉例來說，祂認為上帝的國隨著祂的事工正在開展，這個觀點大大影響了祂如何有智慧地看待物質、真正美好的生命意味著甚麼，以及人應該怎樣處理他的財產。我們只要看看耶穌叫一位年青人變賣所有，分給窮人，並且跟隨祂的故事，就能夠理解耶穌對金錢和財產的看法，是受祂對宗教的委身所影響的。

現在我們將進入這些觀點的延伸討論。

4

耶穌與尋寶

不要只為金錢或權力工作，它們不會拯救你的靈魂或有助你晚上安睡。

艾度蔓（Marian Wright Edelman）

耶穌的教導被很多富裕的現代基督徒用來合理化名人和富人的生活方式，或許是我們所能想像到的其中一個最可悲的諷刺。這同一位耶穌也說過「貧窮的人有福了」和警告人「不要在地上積存財富」。簡單如「你們沒有是因為你們不求」或「〔以信心〕求就得著」的片語，都被扭曲成能產生即時物質好處的禱文。鑒於扭曲的成功福音層出不窮，以及我們全部人都正面對經濟衰退，現在是重新探究耶穌對金錢這個課題的教導的好時機。既然我們要這樣做，以下問題看來是恰當的：耶穌的生活方式是怎樣的？祂是否如一些成功福音宣揚者所堅稱的，是富人？還是祂如一些聖經學者所宣稱的，是農民？又或兩者皆不是？具有探究精神的人，都想知道。

耶穌論金錢

在一個政教不分的世界，馬可福音十二章 13 至 17 節展現的面貌，與愈來愈關注政教分離的現代西方世界截然不同。耶穌在這裏被問到：「納稅給凱撒可以不可以？」耶穌於動盪的世代在聖地被問及向凱撒繳付貢金的問題，這件事是完全可信的。在那裏，訴諸暴力的革命分子和奮鋭黨人不斷力言不應該與欺壓他們的領主合作。

以上這個引人注目的討論，是為了測試耶穌應對困境的能力，當中所提及的錢幣，可能是由皇帝提庇留（Emperor Tiberius）發行的第二個系列中的一錢銀子。它一面刻著“PONTIF MAXIM”（清楚説明皇帝自身是羅馬宗教的大祭司），另一面刻著“TI CAESAR DIVI FILII AVGVSTVS”，即凱撒——神聖奧古斯都的兒子。對很多早期的猶太人來説，擁有這個錢幣（無論是用來繳付給凱撒的貢金，還是為了其他目的）意味著認可錢幣兩面作出的凱撒是大祭司和神聖奧古斯都的兒子的宣稱。這會被普遍視為徹底背叛了一神論和猶太教。

這個討論可能在由羅馬直接統治的猶太地發生，羅馬人或他們的下屬在沒有中介者（例如分封王）的情況下收集貢金；這個討論也很有可能在耶穌最後一次上耶路撒冷時發生，那時候很多人嘗試從祂的話語中找著把柄，從而找到藉口除掉祂。我們必須記住，早於主後六年，奮鋭黨人加利利的猶大就已經確定了原則，指納税是褻瀆上帝和不道德的。因此，馬可福音裏這個小小的故事（也見於太二十二 15 ～ 22 和路二十 20 ～ 26）可能是為了揭示耶穌的觀點與奮鋭黨人的看法有哪些**分別**。但是要小心，雖然耶穌並不是訴諸武力的革命分子，這並不代表祂在是保守派，不對現狀構成威脅。事實上，在當時的社會，耶穌在多方面都是頗為激進的（例如祂對婦女和婦女的角色的看法）；[1]然而，這裏討論的問題是祂對貢金的看法。[2]

向耶穌提出的問題，要求耶穌就「繳付貢金的合法性」提出祂的看法。片語「可以不可以」暗指是否得到摩西律法的許可（比較可三 4；林前十四 34）。耶穌的回應建基於一個假設：鑄造錢幣和肖像被刻在錢幣上的那個人，就是錢幣的主人。好些福音書中的經文表明耶穌並不太重視祂那個時代的「金錢」，留意這一點會對我們有幫助。舉例來説，馬太福音六章 24 節説人不能又事奉上帝，又事奉瑪門（即金錢）；路加福音十六章 9 節更加直接，稱金錢為「不義的瑪門」（這或許是「骯髒錢」之類的俗語的由來）。還有一些經文記載耶穌普遍視金錢或財富為障礙物，妨礙人進入上帝的國，這國度藉著耶穌的生命和事工而臨到世界。

這一點讓我們聯想到富有的少年長官的故事，它的結語警句是「駱駝穿過針的眼，比財主進上帝的國還容易呢」(可十25)。我們還可以聯想到財主與拉撒路的比喻：財主最後下到陰間，而貧窮的拉撒路則上到天堂，在亞伯拉罕的懷裏(路十六19～31)。從這些經文來看，耶穌「凱撒的物當歸給凱撒」的建議，幾乎不可能表示猶太人應該有公民意識，要交税——雖然這句話往往被人這樣解讀。

再者，這句話與「信徒在兩個勢力範圍(世俗領域和神聖領域)裏各有相應職責」這現代理論並沒有任何關係。比起建議人服從地上的統治者，馬可福音十二章13至17節更似是指出：比起耶穌自己正在把上帝的救贖統治(saving reign)帶到世上這件事，錢幣或税務相對來説是微不足道的。

留意耶穌並沒有隨身攜帶那些錢幣，但是詢問祂的人有；假如聽眾當中有一些蠢蠢欲動的革命分子，這會對耶穌有利。在很多虔誠的猶太人心目中，攜帶這些錢幣等於販賣偶像。耶穌肯定不贊同拜偶像，而且鑒於這些錢幣上面有肖像和刻文，我們不難理解為甚麼使用它會被視為拜偶像。然而，我們可以説，耶穌回應這個問題的方法，有可能會被革命分子視為可悲地向政權妥協。

耶穌與革命分子在這裏有一個主要的分別。耶穌相信上帝在聖地的統治是由祂和祂的門徒透過講道、教導、醫治建立的，而革命分子則認為前進必須涉及以武力推翻受凱撒操控的傀儡和眾議院。耶穌是個神權主義者(theocrat)，不是官僚主義者或革命分子。我的意思是，祂相信上帝透過祂的事工直接介入，撥亂反正。無論是與政權發生衝突，還是與他們妥協，都沒有否定或背叛「不依靠政府或計謀的救贖行動」。無論人是否納付貢金給凱撒，這既無助於亦無礙於上帝的國臨到世上。上帝神聖的介入比任何種類的人為安排或陰謀更大、更有力。

簡而言之，耶穌並不同意繳付貢金與否是一種立見分曉的檢驗方法，能判斷人是否忠於聖經中的上帝。事實上，把刻有凱撒肖像的無意義金屬歸還給凱撒，可以是一種宗教職責，因為這類「歸還給物主」的舉動，暗示拒絕與凱撒製造或鑄造的東西扯上任何關係。關於耶穌避開這個為祂而設的陷阱的方法（比較約七 53～八 11），當中尤其有趣的，是祂的回應既沒有滿足革命分子，也沒有賦予希律黨或法利賽人把祂交給羅馬政權的理由。這句話不可能被視為帶有煽動叛亂的成分；耶穌可能有意使它成為一個謎語或難題，這是早期的猶太智者在緊要關頭的典型回應方法。

假如這是凱撒的錢幣，那麼我們要把甚麼歸還給上帝呢？耶穌在這裏並沒有說明，但祂似乎不可能突然指繳付聖殿稅，因為祂正在討論另一個重要的金錢問題——貢金。比較有可能的，是耶穌關注終極的問題，也關注將全人獻給上帝這課題。耶穌肯定有一個清晰的創造神學，這種創造神學貫穿祂的許多觀點（看看這怎樣貫穿祂在馬可福音十章的婚姻神學）。我們甚至可以在這裏發現，錢幣上的肖像，與按著上帝形象被造的人類，兩者有著微妙的對比。現在，鑒於上帝的國已介入，所有按著上帝形象被造的人是時候將全人獻給上帝，因為正如凱撒宣稱他擁有所有刻著他肖像的錢幣，上帝也宣稱祂擁有所有有著祂形象的受造物。現在是時候把上帝當得的歸給祂！羣眾對耶穌獨特教導的回應並不教人意外，他們從未聽過這樣的智慧，而他們也為此而感到大惑不解。

我們接著討論的經文是馬太福音十七章24至27節，處理的是聖殿稅的問題。在這個故事裏，彼得被問到耶穌有沒有納聖殿稅。彼得回答說有。當他後來與耶穌討論這件事時，耶穌吩咐他去釣魚——他會在先釣上來的魚的口中，得到一塊錢去納稅。這個故事只見於馬太福音，我們不難理解為甚麼像馬太那樣的稅吏會對這個課題感興趣。這段經文其中一個往往被人忽略的地方，是耶穌生活在一個強調榮辱的文化裏：人往往會做一些事情，以免令那些與他們關係密切的人蒙羞。我們並不清楚在這段經文中，耶穌是否真心支持納聖殿稅；但是另一方面，祂也沒有斷然拒絕納聖殿稅。

我們早已簡略地在前一章提及推羅人的舍客勒和半舍客勒，但是在這裏還可以加上幾個相關事實。這些不同種類的錢幣是從大約主前一二六年到約主後五十六年在推羅鑄造的，因此它們涵蓋了耶穌在世的日子。這些錢幣有重要的用途。而且，由於它們是用來繳付聖殿稅的，因此甚至被視為神聖的金錢——雖然它們上面刻著赫拉克勒斯的肖像和「神聖和無敵的推羅」——這是頗為怪異的刻文，因為這些錢幣最後將進入耶路撒冷地猶太人的聖殿範圍內（但是留意，這些錢幣會由兑換貨幣的人兑換成可以直接放在聖殿庫房的錢幣，而不致玷污或褻瀆聖物）。

耶穌反對兑換貨幣的人在聖殿外院所做的事，其中一個原因很有可能是它涉及上述異教錢幣。這些錢幣在加利利、撒瑪利亞、猶太地廣泛流傳，也可以在迦百農等地輕易找到。推羅就在附近，耶穌有一次甚至探訪了推羅地區（參可七24～30）。祂肯定認識這些錢幣以及上面的圖像、刻文。再者，推羅人的舍客勒數目甚多，部分錢幣會在加利利海周圍出現，因為收取入境稅的人和其他稅吏有時候會乘船渡湖，從事漁業貿易的商人也一樣。[3]

聖殿稅（也稱為二德拉克馬稅〔two-drachma tax〕）一般是在春天收集的，確切來說是在三月，在逾越節之前。[4]因此，這個故事的場景，也就是耶穌和祂的門徒在主後三十年三月尾或四月初最後一次上耶路撒冷聖殿，就顯得十分合理。這裏的詢問來自稅吏，而不是法利賽人或撒都該人。值得注意的是，耶穌的行為有些異常，祂並沒有得罪這些稅吏。耶穌在這裏以一個敬虔、忠心的猶太人身分出現，雖然祂似乎認為祂並不用納這稅，又或可得豁免。

留意故事以彼得確認耶穌的確有納稅開始。在這卷福音書裏，這個故事是在「把凱撒的歸還給他」的故事之前，這也是馬太福音首次提及耶穌對稅務的看法。即使在主後七十年聖殿被毀後，這個故事對這位福音書作者和他在加利利的猶太裔基督徒聽眾，還是十分重要。

故事在馬太福音十七章24節開始，門徒在最後一次上耶路撒冷之前，回到迦百農。稅吏來到，並用否定的語氣問他們：「你們的先生不納丁稅嗎？」稅吏之所以會這樣問，可能是在加利利，有些人拒絕納聖殿稅，因為有些加利利人認為聖殿已經腐敗不堪。有趣的是，昆蘭社羣（Qumran community；即死海社羣〔Dead Sea Sectarians〕）拒絕每年納這稅，卻一生總會納這稅一次。[5]這個稅項的由來（所有成年男性都要繳付半舍客勒稅，為了「贖你們的生命」）其實是記載在律法中的（出三十 13 ～ 16）。

留意在耶穌的回應中，祂暗示祂（以及祂的門徒）是偉大君王的兒女，因此應該豁免聖殿徵收的稅項（這稅歸根究柢是上帝徵收的）。耶穌在這裏引用了地中海世界廣為人知的習俗：王會豁免他們的兒女不用納稅。因此，耶穌的回應並非完全前無古人，也是主後七十年後法律上辯個不休的議題。

25 節把耶穌描述成先知般的智者，在彼得對祂說話之前，祂已經知道彼得討論過的事情。因此，祂在進入屋內時先說：「西門，你的意思如何？世上的君王向誰徵收關稅、丁稅？是向自己的兒子呢？是向外人呢？」當彼得回答「是向外人」時，耶穌總結說：「既然如此，兒子就可以免稅了」（即得豁免，不用納稅）。在這個處境下，耶穌和彼得提到的外人，必定是指不屬於耶穌跟隨者的猶太人，因為稅吏不會要求非猶太人納聖殿稅，即使這些人在聖地生活。但是，也要留意耶穌說「兒子」時使用了複數。因此，祂並不是單單指自己以上帝兒子的身分而得以個人豁免這稅，而是指祂自己和祂的跟隨者都得以豁免，門徒並沒有責任要納稅給他們的天父（比較太五 16、48，六 1，二十三 9）。這個教導展示出耶穌的激進本質，祂不單自由地宣佈哪些人是王的兒子，哪些人不是王的兒子，也自由地宣佈哪些人有責任納這稅，哪些人沒有責任納這稅。這裏揭示了耶穌的主權和自由。關於摩西律法，耶穌宣佈有部分內容並不是祂自己或祂的跟隨者應盡的責任（整個聖殿稅的理念對美國人或其他習慣了教會不用納稅的人來說，當然十分有趣）。

耶穌相信，上帝的國現在已介入人類歷史，新的規律在運行。然而，根據上文的發展，27 節卻為這個故事畫上令人驚訝的句點。耶穌可以簡單地說「我們不納稅」完事，祂也可以要求以門徒公用的錢納稅作結；然而，耶穌並不想不必要地得罪稅吏，因此祂告訴彼得：「去釣魚！」

不僅如此。耶穌還告訴彼得，把釣上來的第一條魚拿起來，開牠的口，他會在其中找到推羅人的舍客勒，足夠繳付祂自己和彼得的聖殿稅。因此，耶穌並沒有反對納聖殿稅，但是祂認為王的兒女並**沒有被要求**這樣做。耶穌顯然在這裏展望著一個神蹟或上帝獨特的旨意。此外，或許這是耶穌談及的惟一一個為祂和一個門徒（不包括其他人）帶來直接個人利益的神蹟。

但是，我們要留意，這個故事並沒有以彼得真的去釣魚和找到錢幣作結。耶穌可能只是在說笑，假如是這樣，那麼這就是一個充滿智者那諷刺的幽默感的例子了。然而，假如結局與耶穌所預計的不同，這個故事毫無疑問就會被人遺忘，也不會在福音書裏流傳下去。有一點很重要，耶穌只在討論稅項的處境裏，或使用字義較廣的**瑪門**或**不義的瑪門**時才直接討論金錢。顯然祂對金錢並沒有太高的評價；又或較好的說法是，祂對金錢對大部分墮落的人類所造成的影響，並沒有太高的評價。

總括來說，耶穌對稅項和納稅有甚麼看法？一方面，我們看不到祂對納稅和盡公民義務有任何長篇大論的勸勉；另一方面，祂也沒有反對納稅的原則，雖然祂認為祂自己和祂的跟隨者（身為最偉大的王〔上帝〕的兒女）得以豁免。同樣的教導也表明，耶穌認為祂的跟隨者得以豁免舊約聖經什一奉獻的要求。「凱撒的物當歸給凱撒」這句話可以詮釋為「可以納稅給羅馬皇帝」，而這似乎是耶穌最初的一些跟隨者對「耶穌就納稅一事的教導」的理解。[6] 現在讓我們討論較廣的課題：積聚財富、積攢財寶，以及致富。

耶穌論積攢財寶在地上

雖然有時候耶穌的比喻和其他隱喻式教導的含義可以很晦澀，有時候卻又十分明顯和刺耳，令人如同被掌摑一樣。其中一段類似的話見於登山寶訓（太六 19～21），這段話的希臘文直譯是這樣的：「不要積攢財寶在地上，在那裏蟲子和食者（eater）會吞吃〔或破壞〕，盜賊會挖穿房子的牆〔或聖殿庫房的牆；聖殿儲藏著大量珍貴物品〕偷竊。反要積攢財寶在天上，在那裏這些事情不會發生。因為你的財寶在哪裏，你的心也在那裏。」

按照閃族人的思考方式，心是人類性情的控制室，是思想、感覺、意志的中心。這個比喻暗示人最寶貴、最重視的東西，會決定生命的導向——人怎樣處理他的時間、金錢和其他資源。人的性情或品格，最終呈現在他 / 她最寶貴的東西上。因此，這裏的重點並不是要尋找更好的財寶（天上的賞賜，雖然耶穌有提到這樣的東西），而是要忠於上帝和上帝的旨意。從上文來看，這十分合理：耶穌告訴祂的聽眾不要為他們吃甚麼或喝甚麼憂慮，因為上帝知道我們的需要。要先尋求上帝的國，其他東西都要加給我們。

我們在詮釋這段經文時有可能犯下至少兩個錯誤。一是把這個教導過度「靈性化」，好像它只關乎心裏隱藏的事，而與我們應該怎樣處理有形的物質資源無關。另一個錯誤是以為只要我們先尋求上帝的國，上帝就會慷慨地把我們想要的物質東西全都賜給我們。要避免這些錯誤，我們就要看看路加福音十二章的平行經文。

但是在這樣做之前，我們應該先弄清楚，耶穌在馬太福音六章 25 至 34 節中討論的，是上帝為祂的跟隨者供應生活的基本需要，而不是財富。馬太福音六章較前的部分鼓勵信徒祈求的，是**每日**的飲食。記住這些，我們現在看看路加福音十二章29至34節：

> 你們不要求吃甚麼，喝甚麼，也不要掛心；這都是外邦人所求的。你們必須用這些東西，你們的父是知道的。你們只要求他的國，這些東西就必加給你們了。你們這小羣，不要懼怕，因為你們的父樂意把國賜給你們。你們要變賣所有的賙濟人，為自己預備永不壞的錢囊，用不盡的財寶在天上，就是賊不能近、蟲不能蛀的地方。因為，你們的財寶在哪裏，你們的心也在那裏。

很明顯，路加福音的經文是馬太福音經文的另一個版本。路加福音提供了踐行的例子，說明人可以怎樣在地上積攢財寶在天上，就是變賣所有、賙濟窮人。當然，人們並不會聽到成功福音宣揚者引用這個版本的教導。事實上，路加福音十分關注財富對信徒生命的影響，也同樣關心窮人。

路加福音十二章30節說，外邦人的特徵是為生命的必需品擔憂（比較太六25），這很可能是相對於上帝子民的特徵而言。這裏提到外邦人，可能是另一個標記，表明路加福音聽眾的種族身分。31節與馬太福音的平行經文（太六33）有兩個差異：路加福音說門徒只要尋求國度，卻沒有像馬太福音那樣提到「先」。這表明它是惟一、真正要考慮的事（比較路十38～42）。路加福音也省略了「和它的義」。耶穌所說的是，假如人尋求國度時，放棄尋求或追求物質上的東西，那麼他們至少會得到必需品的供應。

路加福音十二章32節向門徒保證，把國度賜予祂的跟隨者，是上帝的心意——事實上，這更是上帝所喜悅的，因此人不應該以為這是無法實現的夢想，或只是對樂園的一種費力卻徒然的尋索。與上帝一樣，門徒應該慷慨解囊，要變賣他們的財產[7]（這裏並沒有說所有財產），賙濟貧人。他們這樣做，就是積攢財寶在天上。這裏的意思是，做這些事會被算進永恆的功勞，也可能暗示會得到天上的賞賜。[8]

34節是耶穌的一句重要警句，表明人的心會專注在自己最重視的東西。我們不應該把心投放在物質財物，而應該把心投放在上帝和祂的國，遠超過其他財寶。就如艾凡斯（Craig Evans）提到：「人們把時間、精力、資源投放在他們重視的、心愛的事物。投放在物質上的資源是個肯定的記號，它表示受到重視的，是這個世界的事物，而不是上帝的國的事物。」[9]

在這裏是時候看看愚昧財主欲另蓋更大倉房的比喻（路十二16～21）。16至20節的比喻是為了說明擁有「只要我有多一點投資回報或有好的收成，就可以有安穩的財政，早點兒退休，並享受高質素生活」這種心態的人，是多麼愚昧！正如我們較早時論及箴言的那一章所談到的，智慧文學充滿了智慧人和愚昧人之間的強烈對比。我們也需要強調，典型的愚昧人並不是無知或智障人士。愚昧人是自以為是、自我中心的人，這種人以為他們可以掌握自己的生命和世界，沒有考慮到上帝、上帝的旨意、上帝的話語。愚昧人可以很聰明或精通某些事物，但是他們不是智慧人；他們沒有能力在靈性上或道德上辨明生命和實在的真正本質，尤其是他們幾乎從不考慮自己會在何時死亡。

這是一個路加福音獨有的比喻，說明路加福音多麼關注我們怎樣處理我們的財物。留意愚昧財主的豐收從來沒有令他考慮到現在可能有機會幫助有需要的人（比較路十六 19～25）。收成愈多，只叫他想到他需要把現有的倉房拆了，另蓋更大的。但是，死亡突然介入。那人的生命被奪去，他所有宏偉、自我中心的計劃都成為泡影。21 節十分清楚地帶出經文的應用：這個比喻說明了那些「為自己積攢財寶」,「在上帝面前卻不富足」的人的生命會怎麼樣。就如強森（Luke Timothy Johnson）觀察到：「在路加福音中，忠於上帝的理財方式有兩層意思：一是信心的回應，二是按著信心棄掉財物，意思就是與他人分享，而不是為了自己積攢它們（參路十六 9～13）。」[10]

在這裏，我們漸漸可以清楚看到，耶穌完全贊成人變得富足——就是在上帝面前富足，即對其他人慷慨，尤其是窮人。**耶穌完全不喜悅的，是人只關注自己的資產、投資組合、生活質素或退休保障**，這些在某種意義上是愚昧財主所展望的。耶穌對愚昧財主只有警告，關於不義的瑪門有多危險的警告。

瑪門是亞蘭文，是財富的意思。耶穌賦予這詞人的面貌。祂論到瑪門是人的主人，人若想成為上帝的僕人，就要放棄這個主人。在惡僕的比喻裏（路十六章），我們學到更多耶穌對這些問題的看法，因此我們應該深入地思考它。我們需要額外借助一些解經學家的研究來理解這個比喻，因為就著上帝的旨意和信徒的行為，關於這個比喻要告訴我們甚麼信息，還存在很多爭議。有些人甚至利用這個比喻把一些不完全誠實的商業活動合理化。

路加福音十六章 1 節一開始就清楚說明，這一章是給耶穌門徒的教導。2 節設定的場景是有人指控一個財主的管家浪費他主人的財物。從 8 節可見，這顯然不是虛假的指控，因為那裏稱他為不義的管家。這個比喻背後可能有一些不為人知的事情在發生。此外，有很多人欠那個財主債。

我們無從得知財主有沒有在借貸時收取利息；但是，從財主欣賞管家的精明這一點來看，我們可以猜想他在借貸時收取利息。德瑞特（J. D. M. Derrett）主張，管家所做的是免去當中所涉及的利息，只讓欠債的人支付本金。[11] 當然，希伯來聖經有不同的經文反對高利貸（比較申十五 7～8，二十三 20～21；出二十二 25；利二十三 36～37）。因此，管家為了改善自己的景況，可能做了一些合乎聖經教導的事情，就是按著聖經原則對待欠債的人，因此在他們當中贏得友誼。而假如他真的被解雇，就可能需要這些朋友了。費斯米亞（Joseph Fitzmyer）的看法有些不同，他主張管家所做的，是減去貨物的佣金，只收取本金。[12]

對於德瑞特的主張，我們可以推測當時有不同的利率，因為一人最後要支付他所欠的百分之五十，而另一人要支付百分之八十。這是有可能發生的情況，因為有時候借貸人會根據對方最終可以支付多少而設定利率。

對於費斯米亞的主張，留意管家問欠債的人他們欠了多少。假如他是原本促成交易的那個代理人，又在當中分到佣金，他豈會不知道銀碼？那似乎不太可能。主人要他把所經營的交代明白（2 節），可能是要查看管家的紀錄或帳目。由此看來，管家的工作似乎是管理產業，而不是在主人沒有主動吩咐之下借東西給人。這意味著管家並不是原本的借貸人，也不是為了佣金工作。他只是個雇工。別人是連本帶利欠了財主的債，而管家只是個收集欠款的中介人。

管家有多迫切，實在顯然易見。他已知道自己失去了工作，因此迫切地與那些可能是他未來雇主的人交朋友，以保障自己的前途。我們可以在 3 至 4 節一瞥管家的心理狀況。他自認無力做體力勞動（例如鋤地），也太驕傲——或者說得好聽一點，是太羞於討飯。因此，他設法叫那些有可能因為他的幫助而得免債務的人，因著心存感激而接他到他們家裏去，甚至是給他一份工作。

一個人欠了一百簍油，另一個人欠了一百石麥子。很明顯，他們欠的是主人的債，而不是身為中介人的管家的債（參 5 節：「你欠我主人多少？」）。也要留意 6 節提到要快快還債。這並不是一個以物易物的情況。欠債的人收到一張帳單，也預計要以錢幣而不是實物支付。當時一百罷特（baths）油相等於一千銀子，比一名散工三年的工資稍多一點。而一百石（或約一千斗〔bushels〕）麥子大約等於二千五百至三千銀子，大約是一名散工八至九年的工資。那實在是一筆可觀的數目。

8 節告訴我們，管家不單不義，也很精明。這很可能意味著他之前是不義的，因為減輕欠債的人的重擔，本身並非不義。假如這個交易是不義的，主人至少應該會感到有點苦惱。8 節也暗示，我們從這個管家的行為可以學到一些功課：今世之子在世事之上，較光明之子更加聰明。門徒在這裏，到底可以學到甚麼功課呢？

9 節說這個功課與透過減輕別人的債務與人交朋友有關，以致人得以被接到永存的帳幕裏去。更準確地說，經文建議門徒透過不義的瑪門結交朋友。這句話似乎指向一個事實，就是金錢有引誘人類（尤其是貪婪的人）行不義之事的特質。然而，假如耶穌認為金錢本身完全是邪惡的，祂就不會教導人它的正當和不當用法了。這個比喻似乎是教導門徒要把握時機和對「欠債的人」慷慨。假如人這樣行，就會得到永存居所的賞賜。換言之，它與路加福音十二章33節有著同樣的教導。就如艾凡斯評論說：「耶穌並不是提倡妥協，祂也肯定不是提倡不誠實；祂是鼓勵祂的跟隨者，不要忽略足以支援祂子民，以及發展⋯⋯事工的機會和資源。」[13]

10至11節（「人在最小的事上忠心，在大事上也忠心」）似乎延續著這個比喻，在這裏，透過真正的財富與不義的瑪門之間的對比，我們得到一幅更清晰的圖畫，得見耶穌對金錢的看法。耶穌顯然是說金錢並不是真正的財富；而且金錢本就容易變質，大部分墮落的人類遇到太多試探去不誠實地使用它。我們也在這裏看見一個智慧文學中常見的「見微知著」的論證手法。在最小的事上忠心，在大事上也忠心；同理，在最小的事上不義，在大事上也不義。與很多格言和箴言一樣，這些觀點並不是普世真理，而是反映了通常正確的事實。[14]

12節進一步討論這個問題。經文主張，要檢驗人是否可靠，看看那人怎樣處理**別人的**資源是一種立見分曉的方法。在一個講究榮辱的文化，羞辱比貧窮更可怕，人們十分關注名譽。因此，我們在12節看到，人怎樣處理別人的資源，比他怎樣處理自己的資源更加重要。這句話的後半句主張，即使是人所擁有的，事實上，那也是別人給予他的。這句話很含糊，卻可能反映了耶穌認為**所有**物質的創造都屬於上帝，因此即使我們認為某些東西是我們的，事實上，那也是上帝給予我們的。我們只是上帝之物的管家而已。

13 節在聖經研究中十分出名，它是句 Q 格言（Q aphorism；比較太六 24），說的是人無法服事兩個主人——上帝和瑪門。[15] 在這裏，金錢並不是潛在的資源或立見分曉的檢驗品格的方法，而是潛在的主人。有趣的是，在耶穌身處的時代，奴隸有時候可以有超過一個主人。在這樣的情況下，奴隸在兩個主人的事務中奔波，無疑會使主人感到不滿。因此，這句話似乎是「建基於一個前設：完善的服事有賴於奴隸對主人專一的愛和依附（比較出二十一 5）。」[16] 更重要的是，除非主人是萬有之主，否則他絕不是真正的主人。這是因為主人的本質涵蓋所有範疇，當人論到上帝時正是這樣。瑪門無法成為真正的主人，假如有人嘗試服事它，那人也無法成為真正的僕人。這尤其因為瑪門只是死物，不是人可以與之建立主僕關係的人。那只能是扭曲了的支配和奴役。有些早期猶太人警告人不要成為「錢財的奴隸」，[17] 耶穌正是這樣的智者。（留意提摩太前書六章 10 節關於貪愛錢財的教導與這裏的警告一致。）

14 至 15 節記載了一些法利賽人對這個教導的反應和耶穌的回應。經文告訴我們，一些貪婪的法利賽人聽到這一切教導後，就嗤笑耶穌，這是個蔑視的舉動。路加福音並沒有明說或暗示所有法利賽人都是貪婪的，但是很明顯，耶穌的教導刺中了一些對於財富有不一樣看法的人的良心。我們可以說，耶穌運動（Jesus movement）與法利賽人運動（Pharisaic movement）是彼此相斥的聖潔運動，兩者極大程度上都以智慧文學為基礎。這些法利賽人可能採取一個過分簡化的進路理解一些箴言的教導，並假設財富毫無疑問是上帝賜福的記號，因此它並非危險物或試探。事實上，他們甚至可能假設財富是上帝給他們義行的賞賜。[18]

對於這個問題，耶穌的回應明顯是反秩序和反直觀的。祂說這些法利賽人是「在人面前自稱為義的」。祂也警告他們說上帝知道他們的心：人所尊貴的，上帝看為可憎惡的。貪婪在耶穌眼裏是嚴重的罪行，祂建議祂的聽眾要聽從那一位的話，尋求上帝對他們行為的認同，而不是盲從羣眾，假設公眾對金錢的看法會合理化他們的行為。關於財富和成功，耶穌之教導的要旨是，對人的靈命和幸福而言，財富乃一大潛在危險物。它很危險，因為它可以輕易使人信靠物質資源，而不是信靠上帝。有趣的是，耶穌不單警告失喪的人財富的危險，祂也警告得救的人。

那麼耶穌真的認為金錢本身是邪惡的嗎？不，這推得太遠了。祂認為應該不去理會或避開稅務嗎？這也推得太遠了。但是很明顯，耶穌認為祂的門徒不應該以這些東西為焦點，不應該使他們的生命為了這些東西而工作，不應該把他們的終極信靠放在這些東西上。假如人擁有財物，就應該對他人慷慨解囊，尤其是對窮人。信徒顯然要依靠上帝供應生活所需，哪怕是基本需要。當耶穌鼓勵祂的門徒為物質上的東西祈禱時，從來不是鼓勵他們為了**財富**祈禱，而是為了生活的基本需要祈禱，包括：食物、居所、衣服。耶穌應許假如人首先、最後、時常尋求上帝的國，上帝就會供應這些基本需要。

窮人當中的耶穌

探討了耶穌對於財富的教導和態度，我們現在可以專注討論祂對貧窮（富裕的相反）的教導。就這一點，我們也可能想知道耶穌本人是否窮人或農民。

那些對登山寶訓（尤其是路加福音的版本）印象特別深刻的

基督徒，有時候會遇上把貧窮浪漫化的危險。當貧窮被浪漫化時，人們就會認為它本質上是好的，是一種比「中產生活」更屬靈的狀態，也肯定比富裕更屬靈。在中世紀，一些修士把「你們貧窮的人有福了」理解為：如果要進入更聖潔、更熱切的靈命，門券就是立誓貧窮。他們以路加福音十六章中的拉撒路為例，拉撒路的故事向他們表明，貧窮，甚至是行乞——回避生活中所有物質層面的福分——有助人上天堂。這真的是耶穌關於貧窮的教導嗎？

我們必須首先澄清一個誤解。有時候，富裕的基督徒會引用耶穌的話：「你們常有窮人和你們同在，而你們可以在自己想幫助他們的時候幫助他們」(可十四 7 上；作者意譯)，好像耶穌在幫助窮人一事上放過我們。更糟糕的是，這段經文也被理解為貧窮是無可避免、難以解決的狀況，因此我們不應該為此擔憂，嘗試消除它或處理它的根源問題。但是，這樣的詮釋是錯誤的。

耶穌乃是在說，祂的聽眾只有一段短時間與祂的肉身同在。因此，對祂的事工表示感激的時間十分有限，而幫助窮人的機會卻常有。其實耶穌經常催促和鼓勵他們幫助窮人。換言之，這段經文是叫人趁著耶穌還在世上，去感謝和讚美耶穌，而不是叫人在有機會幫助窮人時不需要這樣做。耶穌的情況帶出：我們要在時機溜走之前，辨明優先次序、把握它，而這個時機就是祂以肉身顯現的時候。

讓我們把這個誤解擱置一旁，先看看耶穌自己的物質情況，開始我們關於耶穌和貧窮的討論。耶穌並不是農民，我的意思是祂並不是沒有土地的農民、佃農或任何類型的散工。祂是個工匠，住在塞法里斯附近。塞法里斯是一個發展迅速的城市，因此祂成年後在拿撒勒度過的大部分年日，都有很多工作。無論祂主要是個木匠、石匠，或兩者皆是，祂都似乎並不富裕，也不貧乏。然而，祂的父母為了祂的出生而獻上的小小祭物（路二 24；比較利十二 8），暗示了他們的家庭在早期階段是相對貧窮的。

根據路加福音四章和馬可福音六章，耶穌稍微接受過教育，因為祂會讀妥拉。這並不是說祂受過良好的教育，或我們稱之為高等教育的東西。但是，任何程度的讀寫能力都會叫耶穌成為少數的一羣，就是祂身處的社會文化裏擁有較高地位的人。假如約瑟很早就離世，耶穌就有可能成為了一家之主，以長子的身分供應家庭所需。但是，無論耶穌的物質情況如何，當祂在約三十歲開展事工時，情況似乎從此就改變了。

耶穌為了招集一羣門徒上路，放棄了家園和家庭。證據有力地顯示，無論耶穌和門徒往哪裏去，都依靠中東社會款待客旅的習俗。因此，耶穌教導門徒在兩個兩個出去時，要進到接待他們的人家裏（可六 8～11）。耶穌和門徒似乎以迦百農為據點，而我們知道彼得岳母的家也在那裏。但是，絕對沒有任何記載暗示耶穌曾經富裕過，事實上，有經文暗示在祂事奉的某些時候，近乎貧乏。祂說：「狐狸有洞，天空的飛鳥有窩，人子卻沒有枕頭的地方」（太八 20；路九 58），這說明祂在事奉生涯中的某一刻，落入多麼窮困的景況。看來耶穌言傳身教，按著祂自己的教導過活，依靠上帝，以及祂使人作門徒而建立的社交網絡去供應生活所需——尤其是當祂在路上的時候。[19] 哥林多後書八章 9 節或許可以證實耶穌的確經歷過貧窮（至少在祂生命中的一部分時間如此），保羅在那裏說：「〔祂〕為你們成了貧窮」。[20]

耶穌對於貧窮和窮人有甚麼看法？祂有叫人小心貧窮，就像祂警告人要小心財富嗎？讓我們先看看始於路加福音六章20節著名的論福記載，以及之後的登山寶訓。路加福音六章20節下至23節的論福記載，比馬太福音版本更富個人意味。路加寫到：「**你們**貧窮的人有福了。」[21] 這表示耶穌至少認為祂一些現有的門徒屬於貧窮、飢餓、哀哭、被恨惡的人。這些論福記載是一種智慧講論（比較箴八34；詩一1，二12，三十四8，四十一1，八十四 4，九十四 12，一一九 2；《便西拉智訓》14:1，25:8～9，28:19），但是它們並不是根據人類範疇自然或正常的現象而得出的結論。大體而言，耶穌的智慧是啟示的智慧，它不是透過細察大自然或人性推斷出來的。這論福記載講的是耶穌相信最終會發生在祂的跟隨者身上的事。上帝有一天會賞賜或賜福他們。

更準確來說，*makarios*（往往譯為「……〔的人〕有福了」）含有「假如……你會得著好處」或「恭喜你，假如……」之意。耶穌並不是從受虐傾向的意義上說貧窮本身，或飢餓本身，或被逼迫本身是好事。反之，祂的意思是忠心的門徒無論現在遇到甚麼困難，必有一天會得到賞賜。逆轉一切的上帝終必為了祂的子民撥亂反正。

留意只有第一個福提到現在屬實的事（「上帝的國**是**你們的」）。其餘的福提到現在的不足或困難在將來的逆轉。而且，留意22節把這類不幸或苦待歸因於門徒與人子的聯合，門徒可以預計他們的遭遇會與他們的主一樣。這些福反映出來的社會氛圍是：有很多人反對耶穌的事工，尤其反對祂的教導和講道，也反對祂的醫治。23節強調門徒不應感到驚訝，反而要把「因著宣講的信息被苦待」當作尊榮，因為先知也受到他們首批聽眾的苦待。也要留意，這裏提到「天上的賞賜」(rewards in heaven)，耶穌並沒有視天堂(heaven)本身為給忠心門徒的賞賜；但是，與其他早期猶太人一樣，祂確認天上賞賜的多與少，以地上的行為為依據。正當的做法，或正確的行為和踐行，對耶穌而言，無疑十分重要。

24 至 26 節論禍的平行經文涉及的現世情況，與上文的論福記載正好相反。富足、飽足、喜笑、現在得人稱讚的門徒，將來會面對逆轉。第一個禍清楚說明，這樣的門徒早已在此時此地得到他們的賞賜或安慰，他們將會面對飢餓或哀哭。最後的禍甚至暗示，他們現在得到的稱讚，好比古時假先知所得到的稱讚。

我們可能會以為福禍相連。舉例來說，貧窮導致人飢餓，而飢餓可以引致餓壞，之後是早死；而富裕往往導致人大吃大喝、歡笑與慶祝，但是假如過度沉迷這些東西，之後也可能早死。[22] 很明顯，這兩個極端——非比尋常的財富或令人絕望的貧窮——都不是真正的福分，也不會帶來好結果。在論到福禍的最後部分(編按：22 節和 26 節)，經文終於清楚說明，福禍是從對「耶穌和祂所宣告的國度」的回應而來。由於耶穌的門徒穿梭於加利利和猶太地時，將要依靠款待客旅的習俗，留在那些接待他們的人家裏。在這裏，耶穌似乎並不是在隨意評論一些社會現象；祂乃是在教導祂的跟隨者要作好心理準備，迎向與他人分享國度及其信息時，可能會受到的對待。

在這裏我應該補充，我們這些深受個人主義影響的現代人，往往會把這些經文理解為耶穌對個別的「獨行俠」門徒所說的話。事實並不是這樣的。看看馬可福音十章 28 至 29 節的經文，耶穌在那裏告訴祂的門徒，撇下房屋和家人的，沒有不得到百倍的弟兄、姊妹、房屋。在這裏，祂是對祂那時的跟隨者說話，告訴他們可以彼此款待，為對方供應食物和住處。祂特別向旅途中的門徒保證，他們可以依靠定居的門徒（例如在伯大利的馬利亞和馬大）在他們回到家時，供應他們的需要。耶穌的信仰家庭觀在這裏展示出來——門徒在他們所到之處都有家庭和家園，因為耶穌的門徒分散各地。耶穌應許，當國度完全臨到、在地上圓滿實現時，會有更多家庭和更多供應。

如果留意到這一段和很多其他相關經文，就會發現，耶穌不單深深關注貧窮、飢餓、赤身露體的人（這令我們想起馬太福音二十五章山羊和綿羊的比喻），也不時解決他們的困難。祂不單醫治患病的人，也餵飽飢餓的人，並勸誡像該撒那樣的稅吏向那些曾經被他們欺詐的人償還金錢。但是，還有更多。

耶穌甚至叫祂自己的門徒踐行犧牲的施予（sacrificial giving）——不只是什一奉獻，而是犧牲的施予。這正是為甚麼我們在結束這一章前，要探討耶穌讚賞貧窮的寡婦奉獻給聖殿這個為人熟悉的故事（可十二 41 ～ 44）。

馬可福音十二章 38 至 40 節一開始就作出了評論，因為我們的福音書作者一開始已經刻意設定了一個與寡婦犧牲的施予大相逕庭的例子。耶穌痛斥文士（或律法師）好穿「長衣」在街市遊行。更糟的是，祂說：「他們侵吞寡婦的家產，假意作很長的禱告。」祂可能想到，那些文士／律法師身為寡婦的產業監護人，卻從中謀利。為了招徠更多有利可圖的生意，他們更藉著在公眾地方作很長的禱告，展示他們的「敬虔」。**耶穌鄙視把信仰或敬虔當作謀利之途**，「侵吞家產」這個措辭嚴厲的片語，很清楚地說明了這一點。這句話與十二章41至44節的關係十分明顯。寡婦遇到文士祈禱的地方是在聖殿的範圍內，就是耶穌特別提到的那個寡婦奉獻的地方（這裏的批評似乎是針對貴族撒都該人文士，他們因剝削窮人和弱者而惡名昭彰）。[23]

這個故事在41節開始，耶穌坐在銀庫對面，觀察眾人怎樣上前奉獻。有些富人投了很多錢進奉獻箱，這可能是指把錢幣投進聖殿的喇叭形容器裏。與此同時，耶穌看見一個貧窮的寡婦前來奉獻。由於我們是在討論自由的奉獻而不是聖殿稅，這件事就更加引人注目了。寡婦獻上的，遠超過她被嚴格要求獻上的。她獻了兩個雷普塔，[24]就是面值最小的銅幣，後來被稱為寡婦的小錢。兩個雷普塔等於一個每夸達斯（quadrans），也就是六十四分之一錢銀子，一錢銀子是一名散工一天的工資。換言之，這個寡婦的奉獻金額其實極小，尤其是對比其他富人所奉獻的金額。接著，耶穌叫門徒留意這個寡婦，以她為榜樣。很明顯，耶穌在這裏讚賞和要人仿效的，並不是奉獻的金額，而是奉獻者捨己的態度和行動。

這個行動尤其值得注意，因為在耶穌身處的文化，大部分寡婦根本只有很少方法得到金錢。而且，寡婦可以選擇只奉獻兩個錢幣中的一個，即她養生的一半。這個婦女所奉獻的**比眾人所投的更多**，因為她把一切養生的都投上了，即使那是多麼的微不足道。她是在貧窮與不足的情況下奉獻，而富人是在豐足的情況下奉獻。

這裏有很多地方值得反思，但是以下幾點是關鍵。耶穌吩咐祂的門徒要作犧牲的施予，而不只是什一奉獻（收入的十分之一）。耶穌並沒有告誡門徒說這個婦人的慷慨是不負責任的。事實上，祂以她為門徒的榜樣，而祂對門徒的期望，就是要他們像她那樣慷慨和捨己——也就是祂父向他們所流露的。上帝確實喜愛慷慨的施予者；於是，耶穌把作門徒描繪為涉及巨大的犧牲、背起自己的十字架來跟從祂和祂的榜樣，則並不令人意外。這個寡婦示範了忘我的行為，而40節裏被批評的文士，則展示了自我中心和自我沉溺的行為。

再者，這段經文說明了富裕並不是人慷慨或擁有慷慨的靈（spirit）的前提。耶穌並沒有根據奉獻的金額來衡量人的犧牲或慷慨；祂也沒有根據「人透過賺取、儲蓄、投資等方式得到的金額」來判斷一個人是否成功或富有。祂對犧牲的看法，以及對哪些東西構成真正的成功、慷慨、幸福的看法，與很多富裕的現代基督徒所想的截然不同。

很久之前，我的父親是他那地區循理公會（Methodist Church）的「人人參與隊伍」(every-member canvass team）的一員。他是其中一隊的隊長，而當中一名隊員是一個年輕有為的律師，愛穿布克兄弟（Brooks Brothers；譯註：美國著名男士服飾品牌）西裝和駕駛寶馬（BMW）房車。「人人參與隊伍」的職責包括到隊員的家中探訪，並為來年籌募經費。這位律師的探訪名單上，包括一位以固定養老金為生的退休女士，她住在城市邊緣地區的居住車裏。當這位律師找到這位女士，發現她竟住在居住車裏，旁邊是一個極小的花園，於是不願意向她募捐。然而，他還是走進居住車裏探望她。她為他預備了甜茶和餅乾，而他們也滔滔不絕地就教會的事閒談起來。閒談之後，這位律師站起來，沒有向她募捐就決定離開，那位寡婦說：「等一下，年輕人，我的捐款在電冰箱上。」他咕噥著說：「不用了，女士，我們明白你勉強夠用……」但是他還未說完，她已經衝到他面前，抓著他的翻領，說：「你不要奪去我奉獻給耶穌事工的機會。不要這樣做，年輕人。」接著，她把捐獻卡遞給他。

這就是犧牲和慷慨的靈，也就是耶穌在這段經文高舉且要我們效法的，而這正是利慾薰心、貪婪、自我沉溺、炫耀性消費的靈的反面。**假如真有成功福音這回事，它就應該是大大得福於施予、捨己地生活，以及感受到每天依靠上帝過活和得著所需的自由**。

還有，犧牲的施予有別於使人成為另一個人或另一羣人持續的負擔。這個奉獻所有資產的寡婦依然可以回家，得到她家族的支持，因為這是那個文化的集產主義特質。我們大部人都不是生活在那樣的文化下。

在我們的文化裏，某個人所作的奉獻，對另一個人來說，如果要作相同的奉獻，可能會令其經濟陷入絕境或頓無所依。為了填補一個洞而在其他地方挖土，導致另一個洞出現，這並不是解決貧窮的方法。當我們看到保羅在加拉太書六章的教導時，就會明白，保羅鼓勵我們在基督的身體裏背起自己的擔子**和**彼此分享重擔。

在評估甚麼是犧牲時，每個現代基督徒都要考慮各自不同的生活處境和責任。我們並不能用百分之十的旗號或其他公式衡量所有人。我們要緊記豬與母雞的故事：當農夫要在早餐吃雞蛋時，母雞就投訴說牠要作出很大的犧牲。對於牠的哀歎，豬只是嗤之以鼻：「犧牲？你不過是在獻甘心祭！當農夫要吃煙肉時，那才涉及犧牲！」對不同人來說，犧牲是不同的；根據人們的生活處境，犧牲涉及不同比例的施予。

重點是，由於我們全都必須憑信心生活、信靠上帝，而身為門徒，我們全都蒙召過犧牲的生活（「每天背起你的十字架」）**和**作犧牲的施予；因此，我們要少為自己向上帝求資源，多慷慨解囊和施予他人（在不討人厭，或不致成為其他人持續的負擔的情況下）。上帝喜愛慷慨的施予者。

關於放棄財物和踐行施予，當中有趣的地方是，它很可能對施予者和領受者同樣有利。施予使我們從財物的捆綁中得釋放，迫使我們繼續每天信靠上帝。施予使人放棄直接掌管個人生命，反把生命當作一個活潑、持續的祭獻給上帝。它是一個信心的行動，標誌著人已經預備好信靠上帝，把結果交在上帝手裏。

雅各的財富智慧

有人會記得沒有困難、不缺錢的日子嗎？

愛默生（Ralph Waldo Emerson）

雅各雖然沒有在耶穌事奉時跟隨祂（約七 5），但很明顯，耶穌復活之後，他在眾多課題上的觀點，都深深受惠於他的兄弟及其教導。這些課題必然包括金錢、財富、貧窮。雅各與他的兄弟一樣，從智性或智慧的角度探討倫理；他也與耶穌一樣，大量取材自反秩序智慧的傳統。由於雅各書算是最早花頗長篇幅討論財富和貧窮的基督信仰講章，我們會花一點時間分析其中兩段重要的經文：一段來自雅各書二章，另一段來自雅各書五章。雅各最初可能並不醉心於耶穌的教導，但是這篇講章顯示，經過一段時間後，他變得深受他兄弟在登山寶訓和其他地方的教導影響。

雅各書二章：在階級社會裏彰顯公平

雅各書一章介紹雅各在講道中將要討論的題目。[1]因此，我們在雅各書二章 1 節至五章 6 節要處理的，是早已在一章所提到或明確談到的論題的論據。雅各假設他的聽眾是一羣猶太裔基督徒，因此他在講章裏使用了猶太人的論題、觀念、故事、智慧言論、類比、經文。

雅各書二章包含兩個主要段落（1～13 節和 14～26 節）。第一個段落處理偏待的問題，尤其是偏待富人的問題。這個段落背後的理念是上帝並不以貌待人，因此祂的子民也不應該這樣做。作者在這裏延續較早時所討論到的來自智慧文學的警告和強調：不要偏待人、上帝是公平的。[2]雅各稱他的聽眾為「我的弟兄們」，因此我們可以肯定他視他們為基督徒。然而，他們是有待成長的基督徒，在雅各看來，他們需要指引。

雅各在這個段落的開始，表明當下的問題是偏待人或不公平，他打算證明在榮耀的主耶穌身上，不公平與信心無法並存。

一些基督徒聲稱可以同時流露出兩者，這是不可接受、理應受到指摘的，因為這違反了上帝要人去愛他人的命令。

這個至關重要的主題的另一個重點是直譯為「遵守／持守主的信」（keep / hold the faith of the Lord）的關鍵片語。雖然這句話一般譯為「**在**主裏的信」（faith *in* the Lord），但這並不是雅各的真正意思。假如那是他的意思，他就會使用以希臘文 *en* 開始的介詞片語。「遵守／持守主的信」表明耶穌是公平的模範，信徒要以祂的行為作榜樣，遵守「主的信」（即祂的信實和忠信行為）。在一個向人「炫耀」或「給面子」地位較高（也相對較為值得敬重）的人的階級世界裏，耶穌和雅各都解構了（deconstructed）這種奉承富人的做法。

務要留意，在這裏，片語（「按著外貌待人」）的原文當中，有一個詞語的字面意思是「領受面子」（receive face）。同樣的詞語也見於舊約聖經希臘文譯本（即《七十士譯本》）的利未記十九章 15 節：「你們不可施行不公平的審判；你們不可領受／給面子窮人或遵從有勢力的人：你們要以公平審判你的鄰舍」（編按：作者意譯）。[3]這表明人必須公平對待**所有**人，不可偏待富人或窮人。這個片語是針對那些按著「面子」（即人的外表，就如我們論到某些東西的表面價值）判斷別人的人。我們不可以過分強調雅各在這裏的重點。他並不是主張我們應該偏待窮人，或「以窮人優先」（preferential option for the poor）；他是在強調我們不應該偏待富人，因為這對窮人是不公平的；我們也不應該輕視窮人，羞辱他們。無論處於甚麼社會經濟地位，所有人都應該受到公平對待。當然，我們可以辯說，由於墮落世界充滿自我中心和貪心的人，已經失去了平衡，而上帝十分關注取得平衡、關注公平地對待所有人；因此在一個墮落的世界裏，這種撥亂反正可能會顯得「偏待窮人」。我認為這是雅各心裏所想的，而且這也符合利未記關於公平的教導。

在二章 2 節，雅各舉了一個偏待的假設性例子。這個例子可能是假設的，因為雅各使用了以「若」開始的條件子句，並且加上一個假設語氣動詞，表明他視這個例子為將來可能會出現的情況。他舉的例子很可能會發生，是眾人要避免的，但卻不一定是早已經在聽眾當中發生了的麻煩情況。藉著這個例子，再加上 4 節那最有力的一句話（編按：4 節為「這豈不是你們偏心待人，用惡意斷定人嗎？」），我們可以得出結論：偏待任何人，與忠於基督及效法基督的榜樣，這兩者之間並不一致。那些真正跟隨耶穌的人，並不會偏待人，也肯定不會偏待其他基督徒。

那麼雅各在這幾節經文針對的是哪類聚會或聽眾呢？是猶太會堂、基督教教會，還是某類基督教公堂（Christian law court）呢？雖然雅各使用了希臘文 *synagōgēn* 這詞，但是他似乎不太可能在猶太會堂裏講道。雅各暗示他的基督徒聽眾在訪客參與他們的聚會時，有一些管制措施。他稱那聚會為「你們的集會」（譯註：《新標點和合本》譯為「你們的會堂」），暗示了這裏的場景是基督教而非猶太教。初代基督教著作常用的 *synagogue* 一詞，指的就是教會（參來十 25）。[4]

雅各也顯然不是在討論某類基督教公堂。他不單在這段經文使用了另一個詞來指**公堂**（*kritēria*，6 節），也有證據顯示有訪客（林前十四 23）和已經成為基督徒羣體成員的富人（包括耶路撒冷的猶太裔基督徒羣體〔參徒四 34 ~ 五 11〕）在場。哥林多前書六章 1 至 6 節不是完全貼切的平行記載，因為保羅**說**他們要去異教徒公堂；保羅勸告他們要在羣體裏處理他們當中的分歧和衝突。這暗示保羅在一世紀五十年代執筆之時，還未有基督教公堂。雅各說的「**你們的**會堂」，排除了指向異教徒公堂的可能性；把後期的猶太公堂傳統讀進這段經文也很可能是錯的。

反之，雅各可能論到一個基督教敬拜聚會，也正在對這樣的聚會說話。假如它與那時候的猶太教敬拜聚會一樣，在小型建築物或家裏舉行，便可能有些人要站著，有些人卻可以坐下。從後期的資料可見，訪客可以進去，並被帶到某個特定的位置。這個接待的職務後來由執事負責。把會堂的上座留給特殊人物和捐助人是猶太人的習俗（比較太二十三 6；可十二 30；路十一 43，二十 46）。假如猶太裔基督徒把這個習俗延伸到他們的聚會裏，一點也不教人驚訝。這裏的窮人和富人似乎都是訪客，因為兩者都被指示到某處就坐。這裏並沒有說明為甚麼富人或窮人會參與聚會，而且有關偏待的問題與兩者的行為無關，而是涉及領他們就坐的人（即是基督徒接待員）的行為。

雅各認為接待員的行為不可接受。經文可能稍微誇大了富人與窮人的對比。但是，戴著金戒指和穿著華美衣服，卻是一世紀富有的猶太人和外邦人的普遍習慣；形容窮人穿著破舊的衣服，顯得骯髒，則可能暗示他是個乞丐。[5] 戴著金戒指的人可能是身居高位的人，有機會成為教會的捐助人。[6]

3 節頗為清楚地表明，領這些訪客就坐的基督徒接待員純粹按著他們的外表判斷他們，這往往導致偏待：「富人獲邀就坐而不是站著，得親近而不是被疏遠，得享安舒或名聲而不是不適或羞辱。」[7] 這裏的希臘文動詞（編按：「重看」一詞）有「尊崇」的意味，就如這詞在新約聖經另外兩處出現時的含意一樣（路一 48

和九 38)。[8] 也要留意這個動詞是複數，暗示超過一個基督徒接待員或領袖有這樣的偏待行為。3 節下有片語「坐在我腳邊」(譯註:《新標點和合本》譯為「坐在我腳凳下邊」)，有時候是個專門用語，意為「作我的門徒」，但是這似乎不是這裏的意思(比較路十章)。

在 4 節，不同的解經學家認為片語「在你們當中(譯註:《新標點和合本》譯為「你們」)」證明了訪客是基督徒。然而，這推斷是不必要的。因為就如我早已說過，焦點是接待員。這裏的問題是，這些基督徒雖然歡迎訪客到來，但他們卻偏待人。無論訪客有甚麼社會地位、有多大的信心，或有多少財富、得到甚麼尊榮，這樣做都是不可接受的。訪客與信徒一起時，要將他們視為敬拜羣體的一部分。偏待的情況正在基督徒敬拜中發生，這是最不應該出現這種情況的地方，因為這裏應該是上帝完全得著榮耀的地方；在這裏，上帝如何對待人，人就應如何對待他人。

以貌待人(3 節上)是按著一個錯誤、十分不可靠的標準(4 節)來判斷人。這裏很可能正確地呼應著耶穌的教導——類似在路加福音十四章 7 至 14 節和十六章 19 至 31 節中的比喻。在那些比喻裏，我們看到富人和窮人在今生受到的對待，以及兩者之間將出現的戲劇性對比的逆轉。

在 5 節，雅各開始了另一個論點。我們看到一句關於窮人的論述，之後是兩句關於富人的論述。雅各發出三個反問，預計聽眾會給予肯定的答案:「是」。反問能迫使聽眾自己思考問題，同時認同雅各的結論。偏待富人既對窮人不公平，也不合情理，因為富人欺壓基督徒。經文的三個反問強調了偏待與基督信仰不一致這重點。雅各將最令人不安的問題留待最後，作為高潮，他表明——一個十分諷刺的情況出現了——那些上帝期望我們最要憐憫的人受到欺壓，而那些最常褻瀆上帝之名的人，卻被人奉承和享有特權。

當然，上帝特別關心窮人這點，在舊約聖經裏也廣為人知（比較申十六3，二十六7）。耶穌在路加福音六章20節也延續了上帝揀選窮人的觀念，我們也在保羅那裏找到類似的思想（林前一28起：上帝也揀選了世上卑賤的……）。雅各書二章5節提到，從世俗的角度看，窮人是貧窮的；但是在真正重要的事上(信)，以及從信而來的事上(繼承上帝的國)，他們卻是富有的。不過，雅各並沒有把貧窮浪漫化。他所指的乃是經濟上貧窮的人，而不單是那些「靈裏貧窮的」（太五5）。事實上，他認為這些人在靈裏絕不貧窮。[9]

因此，認為這裏的貧窮只是宗教或靈性層面的概念，是錯誤的詮釋。即使雅各的確分享了一些關於靈裏貧窮的觀念，我們也必不可忽略貧窮的社會層面。這裏提到的貧窮，是肉身上和靈性上的；富有也一樣，是肉身上和靈性上的；但是在對比的例子當中，並沒有任何人同時體現了兩種富有和兩種貧窮。經文中的窮人是信徒，他們在信仰上可能富足，但是這並不代表其他更富有的基督徒可以對他們肉身上的貧窮視若無睹。塔梅斯（Elsa Tamez）這樣說：「我並不是説窮人並不屬靈，但是，假如我們把貧窮與屬靈視為同義詞，那麼真正的經濟欺壓，以及上帝對這一羣人的關注，就會被忽視。富人成為靈裏貧窮的人，窮人成為靈裏富有的人，經濟規則和不公的勢力卻仍在。因此，富人永遠走在前面：他們在現實生活中是富有的，在上帝面前是靈裏貧窮的，因此是上帝的國的繼承人。」[10]

同樣真確的是普路瑪(Alfred Plummer)的評論,他指出雅各「並沒有說或暗示窮人會因為他的貧窮而得到救恩的應許,或他的貧窮有任何值得稱讚的地方⋯⋯沒錯,他得以免受信靠財富帶來的危機,那是對富人的可怕網羅;他有較大機會去實踐德行,使他更像基督,以及較少時候墮入那些把他與基督隔絕的罪行裏。**但是機會並不是德行,而貧窮也不是救恩**。」[11] 也要留意,這裏的窮人被稱為國度的繼承人(編按:雅二 5)。這是雅各書惟一提到國度的地方,它似乎是一些人在將來繼承或進入的事物,而不是現存的東西(很可能呼應耶穌在這個課題上的論福記載;參太五 3)。

6 節提到某些人輕蔑那些上帝特別眷顧的人,保羅也分享過關於羞辱那些甚麼都沒有的人的類似看法;而聚會裏有不合一和偏待人的情況,也與保羅的社會處境很相似(參林前十一 22)。這些是非常不智的行為,12 節表示,做這些事的人在審判日要為這些行為負上責任。審判的準則是自由的律法,即結合了新舊誡命的基督新律法(new law of Christ)。

最後,奉承富人也是不合理的。一般來說,在那個時候欺壓信徒並拉他們上公堂的,是富人。雅各心裏想到的,可能是某個特別的事件,但是雅各的評論似乎是一個概括。我們在這裏看見一個很諷刺的現象:教會欺壓那些前來敬拜的窮人,而富人欺壓「你們」,即教會全體。雅各等於在問:那麼按著上帝的話語和標準,你們的行為有甚麼意義?在 7 節,富人被稱為褻瀆上帝的人,他們在褻瀆耶穌的美名。這可能是因為他們宣稱自己很敬虔,但他們的行為並不敬虔。

在 14 節,雅各把之前的討論擴充到一個包括信心與行為的更大主題。雅各在這裏問他的基督徒聽眾：沒有行為的信心是否有用？他的文法表示這個問題似乎不只是個假設性問題。第二點也以問題的形式出現：你的信心能救你嗎？這是個反問，它暗示答案是否定的——假如人所指的信心，是雅各正在攻擊的（錯誤）信心。要理解這節經文，務要留意希臘文**信心**一詞之前的定冠詞的重要性。這個問題應該譯為：那（類）信心可以救他嗎？我們也要注意，這裏的討論對象，從訪客轉為了聚會的信心羣體，也就是在基督裏的弟兄姊妹。在這裏，雅各明顯以基督徒應該怎樣對待基督徒為焦點。

在這之後（15～16節）是一個小小的比喻，也以「若」字開始，表示這是一個將來可能會出現的情況。一世紀肯定有不少一貧如洗的基督徒，他們需要羣體的幫助。雅各描繪了一個衣著單薄、飢餓的弟兄或姊妹。希臘文 *gymnoi* 一詞不一定指赤裸，更可能是指穿著單薄或衣衫襤褸。這個人非常貧窮，甚至沒有足夠的日用飲食。16節中輕描淡寫的回應（類似「願你們穿得暖，吃得飽」等話）是不可靠和膚淺的。它聽起來很好，甚至在表面上表示關心，但事實上這是違反基督信仰、沒有愛的回應，雅各認為這種回應是不可接受的，因為對那些宣稱和擁有真正信心的人來說，真正的憐憫行動並不是選擇，而是責任。

「平平安安地去吧」是人們常對貧乏的弟兄或姊妹說的話。這句話可以理解為「不要憂慮」，但事實上，我們在這裏見到的，是一句陳規的道別公式，雖然這話可以有「祝福」這更全面的意思（比較創十五15；出四18；士十六6；撒上二十42；可五34；路七50），但是它往往只是意味著「再見」，這似乎是這裏的意思。我們似乎也應該把16節的希臘文動詞譯為關身語態，而不是被動語態。這樣，這句話就是「自己取暖」和「自己找吃的」，它甚至不是盼望對方「穿得暖」或「吃得飽」。若是這樣，那麼說這話的人（即這裏的聽眾）就的確十分冷酷無情。與很多人一樣，那人說著熱情的話語的同時有著冷淡的行為，他事實上是在說：「自力更生吧」或「你自己解決吧」。很明顯，乞丐要求的，並不是甚麼奢華的東西，而是生活的必需品——衣物和日用的飲食。但是，連這些也沒有人給他。就如強森所說，問題「並不是這句話（平安地離去）本身，而是它被當作宗教的外衣，拿來掩飾行動的缺乏。」[12]

對於這個行為，雅各反駁說：「假如你說你有信心，卻不提供幫助——這有甚麼用呢？這對你或其他人有甚麼好處？」我們可能應該把 17 節的 *kai* 譯為「即使」，把這句譯為：「因此**即使是**信心，假如它沒有行為，本身就是死的」。因此雅各提出了兩個重點：活出信心必須包括好行為；信心和行為有密切關係，沒有行為的信心是無用的或死的。戴維斯（Peter Davids）把這段經文總結得很好：

> 因此，對雅各來說，並沒有不衍生行為的真正的、活的信心，因為惟一的真正信心，就是「藉愛以生的信心」（加五 6）。行為並不是「額外加添之物」，就如呼吸並不是活著的身體的「額外加添之物」。所謂無法衍生行為（這裏的行為指的是施捨，而不是類似保羅猛烈抨擊的割禮等「律法之工」）的信心，根本不是「得救的信心」。[13]

假如我們以為雅各至此對財富和富人的討論十分嚴厲，我們很快就會發現，他在雅各書二章只是剛開始他的論辯。在五章，也就是我們即將討論的經文，他將有更多論辯，也更加尖銳。

雅各書五章：富人要下地獄

為了讓讀者感受到雅各講章的修辭力度，我在這裏提供一個雅各書五章頭六節的嶄新翻譯：

> 嗐！你們這些富人，為將要來到你們身上的苦難哭泣、號咷吧！你們的財物壞了，你們的衣服被蟲子咬了，你們的金銀都長滿了鏽，而它的毒物要成為指控你們的證據／見證，它要像火一樣吞吃你們的肉。你們竟在末後的日子積攢財寶！看啊！為你們收割莊稼（農田）的工人，他們的工錢被你們剋扣，這工錢大聲呼叫，而且那收割之人的叫聲已經入了萬軍之主的耳中。你們在世上奢華地生活，你們尋歡作樂（放縱自我）。在你們宰殺的日子，你們養肥了自己（直譯是「你們的心」）！你們定了義人的罪，你們殺害義人！他（如今）豈不是積極地抵擋你們嗎？

雅各書五章 1 至 6 節討論的對象，有別於四章 13 至 17 節的商人，雖然我們或會留意到四章 13 節和五章 1 節都有類似的開場白「嗐！」。這可能表示五章 1 至 6 節要討論的對象，是前一段提到的人當中的一小撮，那些人（包括商人）真的打算追求致富。問題是在這段經文裏，雅各的對象似乎有可能不是基督徒，也不是他之前提及過的那種企業家或商人。

雅各書五章1至6節顯然指向富有的地主，就是那些擁有田地或房產的人。梅爾（J. B. Mayor）指出：「雅各所選用的詞語指向不同類型的財富：*sesēpe* 指玉米和其他土地出產；*sētobrōta* 指華貴的布料；*katiōtai* 指金屬；雅各在這裏例舉了外在成因（蟲子）或內在成因導致的腐敗，無論是深層的腐壞還是表面的鐵鏽。」[14] 這些富人顯然是安坐著的人，而不是四處奔波的商人。他們因著他們的農產、華貴的衣服，以及囤積商品和銀幣而廣為人知。雅各強調這樣的人早已踏上末時的審判之路，因此現在肯定不應受人讚賞、仿效，或服事。再者，有一個重要的修辭標記，讓我們知道四章13至17節和五章1至6節並不是在討論同一羣人——前者使用的是譴責的語氣，後者則比較似是災禍神論。就修辭來說，這暗示前者是那些雅各認為他已與之對話，並可以繼續對話的人；後者則是無法說服的人。

從修辭角度來看，演說者清楚知道自己在演說最後或接近尾聲時所說的話，將會留在聽眾的心中。由於雅各寫下講章的原意是讓人大聲地向會眾宣讀，這反映了他的聽眾當中很可能只有少數人有閱讀能力，以及有能力在事後細讀這份資料，把它當作文本。這使論述的最後論證和之後的結語顯得格外重要。雅各一直在整個論述的不同地方針對富人和財富的問題，現在則回到這個主題上更詳細深入地論辯，這一切暗示了或許這是他最關注他的猶太裔基督徒聽眾的地方——基督徒商人和其他人嘗試依附富有的地主，甚或嘗試仿效他們，這樣的試探必定很大。解經學家一直難以明白雅各書五章1至6節與較為溫和的四章13至17

節如何相融，但答案其實並不太複雜。雅各在這裏是在討論另一羣人：非基督徒富人，他們似乎在一些情況下欺壓部分（基督徒）聽眾。無論這些富人是異教徒還是猶太人，雅各已經把他最尖銳的批評留在這裏，在論述的最後。

經文第 1 節以喚醒人心的方式開始，雅各召喚富人來預先看看他們的結局。這種開場白類似何西阿書五章 1 節和阿摩司書四章 1 節或五章 1 節，那裏記載著先知的災禍神諭（比較太二十三章；啟十八章）。這樣，雅各的聽眾當中博學的人，就知道他們將會聽到一些嚴厲的言辭。基本上，接著的內容就是富人獲邀預先看看他們的喪禮，他們應該因為自己正走向苦難而哭泣、號咷，以賽亞書十三章 6 節要人哀號，因為主的日子近了，這肯定是雅各心裏所想的。

2 至 3 節詳述富人的禍患。留意這裏的動詞都使用了完成時態：「壞了」、「被蟲子咬了」、「長滿了鏽」。變壞、長鏽、毀壞早已發生，損害著他們的財物，他們卻絲毫沒有察覺到！審判必然來臨，人甚至可以說它其實已經開始了。富人積攢的任何東西，都只會為他們積攢上帝的忿怒和烈火。片語「像火一樣吞吃你們的肉」可能借用了長鏽的類比，正如鏽會蠶食和損壞他們的錢幣，審判之火也會吞吃富人的肉！[15] 雖然金銀不會真的長鏽，它們卻會留下凹痕、失去光澤，需要打磨，這也似乎是雅各心裏所想的（有時候錢幣會以含有雜質的銀或金鑄造，這些錢幣會長鏽）。也要留意，雅各稱金錢要在末後的日子「成為指控你們的證據」。路加福音十二章 23 節可能是這裏的背景——或許雅各在撰寫這段內容時，正在反思耶穌關於財主和拉撒路的比喻。

3 節下十分重要：「你們竟在末後的日子積攢財寶」。假如我們把這句話理解為「你們竟在末後的日子積攢財富」(它的確可以這樣理解),那麼雅各就是在指控他們在審判的世代中,積攢一些在那個世代完全不能帶來保障的東西。他們可能以為他們是在為自己的退休階段、自己最後的日子儲存資本;但事實上,他們乃是在積攢一些要在**那**末後的日子指控他們的東西。[16]我們知道耶穌把「積攢財寶在天上」相對於「積攢財寶在地上會有蟲咬和長鏽」的教導(參太六 19 ~ 20);但是,雅各進一步發展了這個意象。就如一位學者所說:「他在這裏斥責富人『活在末後的日子』⋯⋯卻活得好像他們在世上還有很多時間,審判還未臨近一樣。」[17]

結論

當我們細讀這篇講章,注意細節,就難以想像今天會有人在美國或其他富裕國家中宣講它;它甚至發生在講員不是成功福音宣揚者,而會眾當中並沒有富人的處境。偏待富人、奉承富人、高舉富人的成就,漠視聖經關於財富的危險的警告,以及它可以怎樣使人的靈魂變得麻木,阻礙人真正地依靠上帝,甚至使人走上永遠滅亡的路——這一切都是處於富裕世界中的現代教會生活的一部分,也是其包袱。更糟糕的是,人們更透過宣講成功福音來高舉富人和富裕,這實在有違雅各的信息。

說了這一切,我們應該記住:雅各並沒有高舉貧窮。他關注的是公平對待所有人(正如我們將會見到,這也明顯是保羅的關注)。雅各深信,經濟狀況較好的基督徒絕對有責任幫助那些較為不幸的人,尤其是那些他們日常接觸到的、較為不幸的基督徒。假如他們只說「自己找吃的」或「自己取暖」,他們就是那些所謂的「沒有好行為的信心必死無疑」的活生生例子，這樣的信心無法拯救任何人。

我們可能會在這裏問：雅各對財富和貧窮的看法，是否只是一個例外？其中一個測試雅各是否極端的方法，是看看聖經其他地方在這些課題上有甚麼教導，例如使徒行傳。因此，我們在這個時候要看看路加的兩卷著作：路加福音—使徒行傳，以這兩卷書為文本，探討財富、金錢、貧窮的問題。我們將會發現，論到警告眾人關乎財富和金錢的危險，雅各既不是極端分子，也不是例外。

路加福音—使徒行傳裏的財富和貧窮

你知道營商可能會帶來金錢，但是友誼從來不會。

奧斯汀（Jane Austen）

我們早已提到，路加福音有相當多關於財富和貧窮、金錢和成功等類似主題的論述。我們會在這裏花點時間，詳加辨明路加對這些問題有甚麼看法。學者很早已留意到，路加尤其對財富和貧窮這課題感興趣，因此我們要仔細分析他的著作。雖然路加比其他福音書作者有更多關於財富和貧窮的討論，但事實上他對於金錢本身的討論卻比較少。

路加福音中的財富和貧窮

希臘文 *ptōchos* 一詞在新約聖經裏相當常見，它的字面意思是「乞丐」，一般情況下泛指窮人，是新約聖經最常用來指稱一貧如洗的人的詞語（出現了三十四次）。這個詞語基本上是指欠缺生活的基本必需品（飲食、衣著、居所與土地、自由與尊榮）的人。雖然**貧窮**一詞的確可以寓意地指靈性上或神學上的貧窮，但是在新約聖經，大部分用法都是按字面上的意思，指物質上的貧窮。有些經文具爭議性（舉例來說，「你們知道我們主耶穌基督的恩典：他本來富足，卻為你們成了貧窮，叫你們因他的貧窮，可以成為富足」〔林後八 9〕），但是在路加福音—使徒行傳當中，並沒有這些具爭議性的經文。

處理新約聖經關於貧窮與財富的經文時，一個主要的問題是時代誤置，即把現代經濟情況讀進一世紀的羅馬世界。舉例來說，現代讀者探討新約聖經關於貧窮的經文時，往往忽略了這是整個體系的問題，誤以為這只是因為某人懶惰或欠缺動力所致。雖然無可否認，有時候懶惰的確是貧窮的其中一**個**成因（留意箴言對懶惰人的批評），但是在耶穌身處的世界，還有更大的、更多的體系因素和勢力在起作用，包括：饑荒和農作物失收；奴隸制度；恩庇者（patron）與侍從（client）之間錯綜複雜的關係，以致人必須有很好的關係網絡，否則幾乎無法大展宏圖；在外族統治下所受到的直接或間接欺壓；稅務重擔及其涉及的土地兼併；極度高舉父權制度的社會（尤其在聖地），大大限制了女性的角色，也往往阻礙她們儲蓄財物或財富。當考慮到人類本有的貪念，和其他在墮落世界裏運作的勢力和影響，我們就會明白，為甚麼近代西方的個人主義詞彙並不足以解釋聖經裏的貧窮和財富。

或許在新約聖經中，路加福音－使徒行傳比其他經卷更明顯地嘗試把社會這個宏觀的整體（macrocosm），與復活節前後的耶穌運動這微觀的縮影（microcosm）相連。比起其他福音書作者，路加從一個更廣闊、更著重歷史的角度來看事物。雖然他的主旨是救恩歷史，他卻把上帝神聖的介入，理解為在上位者和權貴的麻煩，以及窮人的好消息。換言之，路加拒絕靈性化救恩所涉及的，就是救恩對最小的、在後的、失喪的人，以及最大的、在前的、尋回的人所設的結局。

比起其他新約聖經作者，路加較常按救恩一詞在希臘－羅馬世界的用法——既可按字面意思用來指醫治或從危險中獲救，亦可在神學意義上指救贖——來使用救恩用語（salvation language）。[1]我們留意到，在路加福音－使徒行傳中，神學意義上的救恩和字面意義上的身體健康往往一併出現（人身體上得著醫治或拯救，以及靈性上得著救贖），但是救恩和**財富**的關係，一般並不是這樣。確實，對路加來說，有著較高社會地位、蒙拯救的人，比較常被描繪為捨棄自己的財富——至少是一部分財富（例如撒該的故事）。雖然路加並沒有否定他那個世界的恩庇制度，他卻相信如果某些基督徒是恩庇者，那麼他們必須盡力減少貧窮，尤其是信徒的貧窮。交代了這些前言，讓我們直接看看路加福音裏一些重要的經文。

我已經說過我們需要留意，路加十分強調福音和救恩的經濟層面。我們在整卷路加福音都看得到這一點。它始於馬利亞歡欣雀躍的讚頌：上帝「叫有權柄的失位，叫卑賤的升高；**叫飢餓的得飽美食，叫富足的空手回去**」（路一 52 ～ 53）。我們也從施洗約翰的教導中得見這一點：被「毒蛇的種類」問及他們當做甚麼才能彰顯悔改，好避免將要來到的審判時，約翰說：「有兩件衣裳的，就分給那沒有的；有食物的，也當這樣行。」稅吏要來受洗，問他說：「夫子，我們當做甚麼呢？」約翰告訴他們：「除了例定的數目，不要多取。」又有兵丁問道：「我們當做甚麼呢？」約翰回答說：「不要以強暴待人，也不要訛詐人，自己有錢糧就當知足」（三 10 ～ 14）。我們也發現路加將窮人的福，相對於富人的禍：「但你們富足的人有禍了！因為你們受過你們的安慰！你們飽足的人有禍了！因為你們將要飢餓！」（六 24 ～ 25）。

很明顯，對路加來說，國度在耶穌裏來臨，這帶來了財富的逆轉。令人驚訝的是，我們還在路加版本的登山寶訓中找到這些話：「你們若借給人，指望從他收回，有甚麼可酬謝的呢？就是罪人也借給罪人，要如數收回。你們倒要愛仇敵，也要善待他們，並要借給人不指望償還，你們的賞賜就必大了……」（路六 34 ～ 36）。在路加福音裏，愛仇敵這個富挑戰性的命令具體來說，意思就是：「假如他們有需要，就借錢給他們，不要期望收回」。這尤其令人驚訝，因為在耶穌身處的社會中，人並沒有責任對仇敵慷慨。

不僅如此。在耶穌對法利賽人宣告的災禍中，我們看到：「只要把裏面的施捨給人，凡物於你們就都潔淨了」(路十一41)。在路加後期使用的登山寶訓資料中(十二33)，我們看見他給年輕財主的建議：「你們要變賣所有的賙濟人，為自己預備永不壞的錢囊，用不盡的財寶在天上，就是賊不能近、蟲不能蛀的地方。」

路加之後在使徒行傳四和五章呈現了這個教導的活生生例子。那裏有順服、誠實、慷慨的巴拿巴，以及在奉獻中欺詐的亞拿尼亞和撒非喇。由此可見，路加把耶穌給年輕財主的特定教導擴充了，並廣泛應用在耶穌的跟隨者身上。因此，我們必須假設，路加並不認為耶穌給年輕財主的建議是個特別或例外的情況。這在路加福音十四章33節尤其清楚：「這樣，你們無論甚麼人，若不撇下一切所有的，就不能作我的門徒」。這很可能是路加在強調耶穌關於十字架的言論時心中所想的；他在那裏寫的是：「若有人要跟從我，就當捨己，**天天**背起他的十字架來跟從我」(路九23)。

當耶穌在一個法利賽人家裏吃飯時，祂刻意嘗試解構祂身處的世界裏款待人的習俗和社交網絡。祂告訴主人家：「你擺設午飯或晚飯，不要請你的朋友、弟兄、親屬，和富足的鄰舍，恐怕他們也請你，你就得了報答。你擺設筵席，倒要請那貧窮的、殘廢的、瘸腿的、瞎眼的，你就有福了！因為他們沒有甚麼可報答你。到義人復活的時候，你要得著報答」(路十四12～14)。這樣，在不同的段落裏，路加描繪的耶穌，都強調不計回報的施予，要人拒絕參與慣常的互惠社交網絡。

類似的例子多不勝數，但是這些足以說明，路加福音中有一個明確的強調，就是委身於基督會怎樣影響人處理他的財物。然而，這裏有沒有一個更大的神學異象，把這些個別言論緊扣在一起？有的。要明白路加福音的那個異象，我們需要深入看看幾段經文。我們以路加福音四章耶穌那有系統的講章開始。

路加福音中關於耶穌在拿撒勒講道的記載始於四章14至15節，那裏強調耶穌滿有聖靈的能力，回到家鄉，之後在加利利各會堂講道，受到稱讚(「眾人都稱讚他」)。路加福音四章16至30節是這個故事至關重要的轉捩點。在這之前，還沒有人反對耶穌，眾人只稱讚祂，像祂在十二歲時到聖殿的時候一樣稱讚祂。但是，福音書記載，耶穌之後回到拿撒勒的家鄉時，有些令人驚奇的事情發生了。

路加小心地鋪排這些資料，以致在這篇講章之後的敘事，能展示出他在這裏引述的經文(賽六十一1～2)會怎樣應驗。[2]我們可以從以下圖表看個明白：

路四18～19	路四38～44	路八1～3
18節——宣講好消息		1節——宣講好消息
使瞎眼的得看見	38節——耶穌醫治西門的岳母	2節——醫治被惡鬼所附、被疾病所累的女人
	40節——耶穌醫治患病的人	
叫那受壓制的得自由	趕鬼	趕鬼的例子——馬利亞
19節——報告上帝悅納人的禧年	43節——向其他城市宣講好消息	比較八4～15

假如我們將路加記載的這個故事，與馬可福音六章 1 至 6 節和馬太福音十三章 53 至 58 節的平行經文比較，路加似乎明顯刻意把這個故事放在這個關鍵位置——雖然這件事本身似乎是在耶穌事奉後期才發生的。箇中原因十分簡單：這個故事是風起潮湧之後事的預告，它不單清楚説明耶穌的事工和使命的特徵、説明耶穌將應驗聖經的預言，也説明祂將要得到怎樣的回應。雖然很多人欽佩耶穌，但是這並不等於大部分人都會被説服去跟隨祂。信靠耶穌遠超於欽佩耶穌的教導或作為。

路加福音四章 16 節清楚表明，耶穌依然是個守律法的猶太人，因為經文告訴我們，祂在安息日到會堂去，這是祂的習慣。留意這裏指出拿撒勒是祂成長的地方，而不是祂出生的地方。這節經文也表示耶穌有讀寫能力。在耶穌身處的時代和世界，大約只有百分之十的人有讀寫能力。這節經文還表示耶穌能夠讀希伯來文，這實在很不尋常，因為早期的加利利猶太人所説的，是亞蘭文而不是希伯來文。我們也要留意，耶穌並沒有選出祂要讀的書卷，而是有人把以賽亞書交給他，耶穌必須找出祂要從以賽亞書選讀的經文。一世紀的書卷裏並沒有章節碼，而且當中的字與字、句與句之間甚少分隔。因此，要找出某段經文，就需要花點功夫，也需要知識。這裏除了暗示祂的教育程度，也提及耶穌的敬虔：祂熟悉聖經，知道某段經文可以在哪裏找到。

耶穌所讀的經文是以賽亞書六十一章 1 至 2 節，但當中也間接涉及以賽亞書五十八章 6 節。或許耶穌是在崇拜的釋經時間教導，在這段時間裏，評論多於一段經文是恰當的，因為在傳統的崇拜裏，於這一刻之前，眾人已經在讀經環節讀過了律法書和先知書。[3]

加利利會堂的崇拜程序通常是這樣的：先以希伯來文讀出選定的經文，接著以亞蘭文翻譯或複述，這很可能正是耶穌所做的。然而，路加並不會閃族語言，因此他只是照用那個時代常見的希臘文譯本——《七十士譯本》。從以賽亞書五十八章6節加插進經文的，是片語「叫那受壓制的得自由」。

但也有一些以賽亞經文的重要內容，是路加福音沒有的：第一，路加福音省略了以賽亞書六十一章1節的片語「醫好傷心的人」，就耶穌事工那憐憫人的特徵來看，這似乎是個怪異的省略；第二，路加福音也省略了以賽亞書六十一章2節的片語「報仇的日子」，這個刪減比較能夠理解。這段經文的引文引發了大量討論，尤其因為它與解放神學有關。

在這些討論中，有時候我們會忽略路加福音四章19節所暗指的禧年，就是每五十年出現一次（或對大部分人來說，是一生一次）的上帝恩典之年（year of God's favor）。在禧年，人得以免去各樣債務，奴隸得釋放，土地休耕（得安息），各人也得以回到本家，各歸家族的產業（利二十五10～13）。耶穌宣告禧年現在開始是十分重要的，尤其是希列較早時曾建議債務延至禧年之後，如此，窮人才可以拿到貸款。[4]

更有趣的是，主後二十六至二十七年是禧年，因此有人想弄清楚，這是否耶穌開始事奉的那一年。[5]無論如何，如果耶穌把這段經文應用在祂的事工上，即清楚表示，耶穌的事工，既有靈性的層面，也有社會的層面。釋放被鬼附的人、被債務纏身的人、被罪捆綁的人，全都是耶穌事工的一部分。同樣，關注經濟上貧窮和靈裏貧窮的人，是祂事工的標記，而醫治的神蹟（包括醫治在身體上和靈性上瞎眼的）也是祂事工的標記。也就是說，傳統神學家和解放神學家根據這段經文的某部分對耶穌及其事工所下的結論，有一部分是正確的。傳統神學家正確地留意到耶穌引述這段經文，是為了表示聖靈用膏膏祂，就是要祂宣講，包括向窮人傳福音；而解放神學家正確地觀察到，除了宣講，還有使被擄的得釋放，這裏涉及的不只是宣告。

21 節可能無意指向耶穌所講信息的所有內容，它應該譯為「祂對他們說：『這經文已經在你們耳中應驗了』」。因此，耶穌是按照與禧年有關的習俗和律法來讀這段經文，並使人意識到祂的事工已經開啟了末後的日子。這必定使祂的原初聽眾感到驚訝。他們樂意認同上帝會應驗祂應許的說法，但是要認同它們在這天、在這個會堂裏、在這羣聽眾面前應驗，則是另一回事。

22 節似乎暗示聽眾被耶穌所說的話深深吸引，因為經文記載眾人都稱讚他，並「希奇」祂口中所出的恩言。但是，我們必須把希奇與隨之而來的疑問並列來看：「這不是約瑟的兒子嗎？」路加對這個問題的回答既是「是」，也是「不是」。是——耶穌在法律上是約瑟的兒子；不是——祂並不是約瑟血脈相傳的後裔。務要留意，路加福音對耶穌與約瑟兩者的關係的評論，與馬太福音的平行經文（太十三 55）一樣，卻有別於馬可福音（可六 3）。當下，聽眾的問題實際上帶有一點刻意的諷刺，他們真正想說的似乎是：「這個木匠的兒子以為他是誰？先知嗎？」

23 節記載了耶穌的反駁，不單包括了諺語：「醫生，你醫治自己吧！」，也包括了一個挑戰：「我們聽見你在迦百農所行的事，也當行在你自己家鄉裏」。這裏的問題是，耶穌並沒有在祂的家鄉行過任何神蹟奇事，好叫祂的聽眾樂於接受祂是應驗聖經的人、祂是末後的日子的先知或類似的人。我們要記住，北部先知傳統的焦點是以利亞，他首先是行神蹟者，同時也是頒佈神諭的人。[6]因此，我們可以理解，耶穌家鄉的羣眾會期望祂施行神蹟；若耶穌希望他們相信關於祂的事工和祂自己的戲劇化宣稱，祂就要施行神蹟。但是，就如24節所示，耶穌認為祂是在對抗家鄉的咒詛，對抗不信——沒有先知在自己家鄉被人悅納的。

之後的25至30節很大部分都是路加福音獨有的記載。這段具論辯意味的教導的要旨是：耶穌把祂的聽眾，對比前代心硬、不接受以利亞或以利沙事工的以色列人；結果是：外邦人從先知的事工得到很多以色列人沒有得到的益處。耶穌以撒勒法的寡婦和敍利亞國的乃縵為例（比較王上十七～十八章；王下五章）。就如一位學者這樣說：「重點……〔是〕『不信』已經導致希望落空、益處不會出現，這種情況類似於以利亞和以利沙（在以色列成長和為以色列作工的先知）的先知事工沒有為以色列帶來福分。」[7]

這一幕也是使徒行傳的司提反故事的平行記載（比較徒七52與路四24），那是另一段記載當羣眾被指控拒絕先知時，他們以忿怒，甚至以暴力回應的經文。這個平行記載比乍看之下更加相似，因為路加福音四章29節可能暗示聽眾按照用石頭打死人的程序——把違法者帶到城外，推下山崖或山坡，接著用石頭打死他——對待耶穌。然而，耶穌穿過忿怒的羣眾（經文沒有記載用甚麼方式），直行過去了（比較路二十二3、5與約七30，八59，十31、39）。

這篇講章對我們的研究十分重要。耶穌相信祂正帶來上帝的國，並開展禧年，這理應使社會秩序大大改變，一切無法再如常運作。耶穌給以色列的救恩計劃包括免去債務的禧年信息。當這個信息加上逆轉的主旨時，我們就會想到耶穌的事工預告了最終或末後的情形：不再有饑餓、赤身露體、無家可歸、饑荒、暴力或貧窮。

耶穌的行動和祂要求門徒去做的事，都是為了叫人預示和預嘗在圓滿實現的國度裏那最後的禧年。因此，福音的部分內容甚至呼籲稅吏(以及其他人)免去人的債務、慷慨待人、消除貧窮、放棄名人和富人的生活方式，反要花時間和金錢在慈惠事工上。再者，經文描述到，耶穌相信無論人是否注意到這個給窮人的好消息，都會有永恆的後果。

在財主與拉撒路的比喻裏，這類思想更清晰可見。這個只見於路加福音十六章 19 至 31 節的比喻，反映出耶穌為了突出祂自己的觀點，借用了一個為人熟悉的故事的元素，把它變成自己的故事。

關於沙特美(Setme)和他兒子西奧西里斯(Si-Osiris)的埃及故事，很可能在耶穌身處的時代之前已經存在。那個故事是這樣的：西奧西里斯獲准從死裏復活，與一個埃塞俄比亞術士決鬥，這個術士曾經打敗埃及最好的術士。在西奧西里斯回到死人之地之前，他和他的父親沙特美觀察了兩個喪禮，一個是富人的喪禮，另一個是窮人的喪禮。前者風光大葬，後者甚麼儀式都沒有。沙特美說他希望有像富人那樣的葬禮，但是他的兒子糾正他，並說若他盼望像那個窮人，下場會好一點。為了證明這個看法有理，他帶他的父親參觀了陰間的七個大殿，發現那個富人受盡痛苦，那個窮人卻被升高。兒子接著向父親說明那些惡行超過善行的人會有何命運，例如那個富人；以及那些善行超過惡行的人會有何命運，例如那個窮人。同樣的故事至少有七個猶太版本，它們全都以富人和窮人在死後逆轉命運為焦點。耶穌當然會以祂自己更富猶太色彩的方式，來重述這個虛構的故事。

路加福音十六章19節一開始就描述了一個穿著紫色袍和細麻布衣服，自我放縱、天天奢華宴樂的財主。他過著國王般的生活（參箴三十一22）。事實上，說耶穌在這裏借財主暗指希律安提帕王，也不是沒有可能；他和耶穌故事裏的財主一樣（路十六28節），有五個兄弟。

財主與20節出現的拉撒路形成強烈和戲劇化對比。拉撒路是個渾身生瘡的窮人，躺在財主的房子門口。換言之，當財主每天進出房子時，都會見到他。但是，財主並沒有做任何事情幫助他。雖然這個窮人想得到財主桌子上掉下來的零碎充飢，卻甚麼也得不到。更糟的是，連在垃圾堆覓食、可能得到一點點零碎的狗，也來舔他的瘡，難怪這個窮人不久就死去。他被天使帶到樂園，放在亞伯拉罕的懷裏，那裏應該是天的最高層。[8]這幅圖畫表示他就在亞伯拉罕身邊，可以說是亞伯拉罕的密友。留意，經文並沒有提到窮人被正式埋葬。

然後，22節指財主也死了，並且（被正式）埋葬了。23節補充說，這個人下到陰間，受盡痛苦。他舉目遠遠地望見亞伯拉罕，又望見拉撒路「在他懷裏」。因此，在24節，財主呼求父亞伯拉罕（可見財主是個猶太人），求他打發拉撒路到他那裏，用「涼快的」指頭（蘸了水）去涼涼他的舌頭，因為他在火燄裏極其痛苦之時，舌頭也著了火。可見，即使財主身處陰間，依然以為他可以把窮人當作僕人或下等人看待。

在25節，亞伯拉罕溫柔地告訴財主（稱他為「兒」，因為他被稱為父），他生前已享過福。拉撒路生前受過苦，「但是現在」

情況逆轉了，窮人得到安慰，財主卻在極大的痛苦之中，沒有解救。26節清楚指出，當人死了，在死後的生命中，是無法改變那個逆轉的。陰間並沒有接駁車通往亞伯拉罕那裏，兩個世界中間只有一個由上帝設定的巨大深淵。

財主接受了自己的命運無法改變後，接著遊說亞伯拉罕打發拉撒路從死裏復活後到他父家去，警告他的五個兄弟，以致他們不會像他一樣下到陰間（路十六27～28節）。但是，亞伯拉罕也拒絕了這個要求，說他們有摩西和先知，已經足夠了：他們應該聽從摩西和先知。

這個比喻暗示了很多東西，當中最重要的是今生的行為會有永恆的後果。它也可能暗示耶穌和一些猶太人一樣，相信死後立即會有永恆的懲罰和賞賜。然而，由於這是一個比喻，我們不應該把這個觀念推得太遠，因為耶穌在其他地方提及當人子回來時，地上才有復活和最後的審判。更重要的是，這一章的焦點與財富有關，論及富人難以進入上帝的國的事實。耶穌明顯同情敬虔的窮人。在耶穌身處的文化處境裏，人們也許會認為祂是在批評法利賽人較古舊的智慧假設——財富純粹是從上帝而來的福分。但是，祂的智慧其實是經過反思末後日子的嚴竣考驗而來的，因此，祂預計人們在今生經驗到的不公義會逆轉。財富和貧窮並不是上帝評估一個人的可靠指標。

或許這個逆轉的主旨也解釋了這個比喻中的另一個逆轉——對早期猶太人期望的逆轉：財主沒有名字，窮人卻有名字。從這一點我們可以略為明白，雖然猶太人被視為上帝的選民，但個別猶太人並不會單單因為他們是選民而得以進入樂園。他們生命的歷程和行為，包括他們對待窮人的方式，都會影響他們永恆的結局。路加的第二部著作也重申和詳述同樣的主旨。

使徒行傳中的財富和貧窮

學術界對使徒行傳的研究一直傾向認為路加在當中加了一點修飾，意思是他呈現出來的主角保羅、福音的必然得勝等，都較似一個理想狀態，而不是初代教會生活的真實情況。這樣分析的問題是，路加多次承認，在他的作品所涵蓋的時期（大約是主後三十年至六十二年），初代基督教存在很多嚴重的問題。因此，我們難以辨別路加告訴我們的，哪些是初代基督教的正常情況或特徵，哪些是基督徒應該追求的規範或標準，尤其是在踐行方面。假如要知道路加視哪些內容是正常情況的其中一個方法，是找到踐行的重複模式，那麼仔細看看使徒行傳二章和四章有關耶路撒冷家庭聚會的特徵，將會對我們大有幫助。在這裏，財產、財富、分享在經文中佔據了顯著位置。

在使徒行傳二章 42 至 47 節，門徒委身於四件事：使徒的教導、*koinōnia*（即「共享」）、擘餅、祈禱。經文繼續暗示（徒二 43～47 節），門徒並沒有完全或斷然從他們的猶太背景和傳統中分別出來。對我們的研究來說，44 節是最重要的，我們得知這羣最初的骨幹門徒凡物公用。45 節更全面地解釋這一點，經文補充說他們變賣田產和家業，分給羣體當中**任何有需要的人**。這裏的動詞是未完成時態，表示這並不是一次過的行動，而是持續不斷的。換言之，我們不可僅視這個行動為第一個復活節之後，最初爆發出來的熱忱。這是每當需要出現時，不斷重複的行動。[9]

務要留意，路加在這裏並不是討論某種強制的充公，或物品和財物的再分配，把所有東西平均分配給羣體中的每個成員。細讀亞拿尼亞和撒非喇的故事，就會清楚得見這一點。彼得在那裏提醒他們，即使他們變賣了他們的資產，怎樣處理這筆收益，以及要把當中的多少分給人，依然是他們的選擇。這裏的重點是：沒有人宣稱他們擁有財產的專有權利，所有人都一致努力，確保沒有基督徒有所缺乏。基督徒互相照顧，舉例來說，他們不依靠聖殿機制或會堂的慈惠設施，或一般給耶路撒冷窮人的賑濟物，他們自行處理問題。因此，我們在這裏見到的是信仰家庭（family of faith）這一觀念的踐行。[10]

使徒行傳四章 32 至 37 節事實上是使徒行傳五章的引言，它也是兩個例子的引言，這兩個例子分別是：巴拿巴呈現出基督徒慷慨解囊、捨己的特性這個正面例子，以及亞拿尼亞和撒非喇欺詐的負面例子。簡單來說，這兩個明確的例子說明擁有金錢和財產的基督徒，應該怎樣以及不應怎樣處理和分配這些資源。除了使徒行傳這兩段較早期的經文，我們也要留意，希臘－羅馬世界裏的友誼涉及分享公物和財產。換言之，有著相同社會地位的人之間有互惠的來往。但是，路加在這裏並不是討論相同地位的人之間的互惠互利；他是在討論**不計回報的施予，施予那些比較不幸的人——施予那些與自己有著不一樣的社會地位的人**。換句話說，路加的告誡不應被視為一種純粹的希臘－羅馬社會那種友誼的習俗；它實際上表達了家庭處境中的捨己表現。與此同時，路加認為社會的確會因著不同原因而衍生經濟不平等，因此，他鼓勵恩庇的行為，並舉出正面與負面的例子，巴拿巴就是個正面的榜樣。[11]

使徒行傳四章 32 節是這裏的鑰節：「沒有一人說他的東西

有一樣是自己的，都是大家公用」。留意這個踐行是與「一心一意」相連的。這個行為不僅是羣體正式認可的踐行，它也反映了羣體的意願和協議——對於事物本應如何的看法。任何基督徒都不應該有所缺乏，落入貧困，這是路加重申和強調的重點。很明顯，沒有人宣稱個人的擁有權，流露出自私心態或佔有慾。我認為這是從「了解到地和其中所充滿的都屬於主，因此萬有都屬於上帝」發展出來的，這也是本書第一章的討論。我們不過是上帝的管家而已，我們應該提出的恰當問題是：上帝要我怎樣處理祂賜給我的福分或賜予我的財產呢？

使徒行傳四章 34 至 35 節說明了初代教會怎樣對待有需要的基督徒。路加在這裏的意思並不是說沒有任何需要，或沒有需要幫助的人，而是眾人察覺到有這個情況出現，很快就處理了。我們猜想這是最初的基督徒熱中的踐行，因為這是耶穌自己較早期的教導，包括祂與處於劣勢的人和窮人的感同（太二十五 35～40）。舊約聖經同樣強調這一點：「就必在你們中間沒有窮人了（在耶和華——你神所賜你為業的地上，耶和華必大大賜福與你）」（申十五 4）。這裏也描述了變賣資產（例如土地或房子），把它們換成金錢。這裏並沒有提到門徒把業權轉給使徒，像在當時的昆蘭社羣中，跟隨者會把他們的產業轉給他們的領袖一樣；這裏也沒有任何證據顯示羣體控制或擁有所有財產。就如我們早已提及，彼得對亞拿尼亞和撒非喇說的話排除了這一點。

我們也要留意，路加稱那些把財產拿出來的人為「物主」（owners），就如彼得對亞拿尼亞和撒非喇清楚說明的一樣，施予和施予的數目是自願的。眾人都應該這樣做，但是做不做，是那人的選擇，羣體或使徒並不會強迫人去做。白白地領受，白白地施予似乎是一貫的原則。因此，這裏描述的是較高社會地位的基督徒在變賣他們的財產，並把所得的收益交給使徒分配。然而，稱這為某種初期的共產主義（communism）並不正確。這較似一種社羣主義（communitarianism），十分強調羣體意識，而對主裏的弟兄姊妹的責任感，又是多麼清晰可見，以致這些行動被視為自然、必須、正常、非強迫或強制性的。這是一種圓滿的實現，我們衷心盼望今天有更多這樣的基督徒羣體。最後，這帶來一個結論：亞拿尼亞和撒非喇的問題，並不是他們保留了部分變換成現金的資產，而是他們為了提升自己在羣體裏的尊榮，就他們所施予和保留的，欺騙教會和聖靈。

當我們仔細分析使徒行傳四章和五章，並繼而分析六章和需要幫助的寡婦的問題時，這一切似乎暗示著，當察覺到和得知有需要時，眾人就即時給予資助，也就是說（至少在最初和像二至五章所描述的），當時並沒有為羣體裏的窮人每週或定期收集捐獻，或定期分配資源。但是，使徒行傳六章 1 節反映的情況，乃遲於使徒行傳二至五章所描述的情況，那是一段在羣體中間說亞蘭文和說希臘文的寡婦同時存在的時期。顯然到了那段時期，情況已經發展到定期或每天分配食物給寡婦，而只有說希臘文的寡婦受到忽視。這某程度上似乎是因為羣體不斷增長而造成的問題，因此需要委任七個人去確保羣體中不會有人有所缺乏。留意在使徒行傳六章，我們處理的是更為具體的寡婦的問題，而不是羣體普遍的需要。照顧寡婦是舊約聖經提到的猶太人的主要關注之一，那個社會的寡婦擁有很少財物，甚至甚麼都沒有，因此甚少能夠自力更生或照顧自己。

我們可以研究聖經裏所有關於寡婦的困境和照顧寡婦的經

文，它會顯示出羣體對寡婦所負的責任——從以色列人的習俗延伸到早期猶太教，之後再延伸到初代基督教，或許尤其是教會在最初期的、由猶太裔基督徒的民族精神（ethos）主導的階段（比較出二十二22；申十18，十四29；詩一四六9）。處於猶太父權文化的寡婦，大都僅僅得以維生，沒有繼承產業的權利，這使她們尤其易陷困境，難怪耶穌在不同場合都提到她們的苦況。[12] 但是，她們只是問題的冰山一角。耶路撒冷時常受旱災和饑荒所擾，導致周期性和嚴重的食物短缺。當人只有很少儲備，甚或沒有個人儲備，過一天算一天地生活時（祈求**日用的飲食**），就需要有人不斷和定期照顧那些生活比較貧困的人。

我們之後會有機會討論保羅為住在耶路撒冷的貧窮猶太裔基督徒收集捐獻一事，但是在這裏要留意，在保羅的教會（Pauline churches）收集的捐獻，並不只是為了寡婦，而是為了一世紀五十年代的整個耶路撒冷教會。那時，耶路撒冷教會經歷了好幾次旱災、饑荒和食物短缺，苦苦掙扎。保羅作工的時期，正值耶路撒冷教會脫離會堂和聖殿。因此，在有需要的時候，並沒有本地機構提供幫助，導致他們的情況格外迫切。難怪在耶路撒冷成長的保羅，會把記念那個城市的窮人當成他的個人使命。他收集的捐獻大部分來自外邦人的教會，他希望這個慷慨解囊的舉動，會幫助那些教會與耶路撒冷教會建立密切的關係。

結論

岡薩雷在他甚有貢獻的關於信仰與財富的研究中，對路加展示的有關財富與貧窮的敘述（尤其是在使徒行傳裏的）有以下結論：

> 無論路加的福音書多麼強調克己，使徒行傳描述的，是一個眾人放棄自己財物的羣體——這樣做並不是為了克己，而是為了那些有需要的人……目的並不是為了達到抽象或教義式的合一，也不是為了貫徹純潔和克己的原則，而是為了配合他人的需要。
>
> 在這樣的羣體裏，最慷慨的人（例如巴拿巴）必然會引起他人（如亞拿尼亞和撒非喇）的嫉妒。然而，使徒行傳在描述羣體的美善後，立即記載巴拿巴的慷慨和亞拿尼亞與撒非喇的欺詐，表示這既非試圖賦予初代信徒羣體田園詩的色彩，亦非在形容一個專制的共產社羣。彼得清楚地告訴亞拿尼亞（徒五4），後者沒有責任變賣自己的財產，就算變賣了，他也不是非得把所得的分給羣體。因此，使徒行傳描述的是一個不完全的羣體，有謊言，有嫉妒……這羣人的自我理解……是「沒有一人説他的東西有一樣是自己的」。然而，這句話所暗示的實際運作，也就是分享，既關乎沒有財物的人有多大需要，也關乎比較富裕的人是否自願與人分享。[13]

這肯定是對使徒行傳頭七章一個公正持平的評價，從中可見，路加論到財富和貧窮時，事實上並不認為自己在展示一個無法實現、不切實際的理想基督徒羣體。換言之，路加認為這是他自己的羣體、他自己身處的時代切實可行的指引。假如他今天還在，他大概也會對我們的基督徒羣體説同樣的話。

我們已經簡略地探討了很多問題，我們發現的是，路加堅持教會要處理耶穌跟隨者羣體中的窮人和有需要的人的問題，而不是任由他們依靠早期猶太教在聖地款待人的習俗。他並沒有視之為選擇，反而視之為耶穌跟隨者的責任，尤其是假如他們想效法祂的踐行，就更要這樣做。畢竟，祂豈沒有餵飽五千人？祂豈沒有使拿因城寡婦的兒子從死裏復活，好讓她有所依靠（路七章）？

路加嘗試描繪一幅最初的基督徒羣體的圖畫，這幅圖畫展示的是教會——作為開放、真誠的合一記號——會解決成員的需要。其基本原則是：**基督的跟隨者中不應該有人落入貧困或有所缺乏**。路加透過多次展示初代教會怎樣處理這些問題，來支持以上觀點。與此同時，他也清楚表明，他並沒有提倡一些中央儲存庫，或建議中央把所有財產平均分配給羣體裏所有成員。

路加有意指出恩庇者有責任就這個情況出一分力，但即使是這樣，他也透過彼得的口強調要施予甚麼、施予多少，都由施予者決定。施予者的行為必須是真誠的，不是為了得到羣體的尊崇，就如亞拿尼亞和撒非喇的例子所警誡我們的。同樣重要的是，路加強調施予應該不計回報，即施予不應期望得到互惠互利中出現的回報。

當我們討論保羅書信時，會找到更多這類進路，以及保羅必須處理的與財富和貧窮有關的其他問題。

保羅論工作、薪酬、貪愛錢財

不要與遠比你富有，或你遠比他富有的人討論金錢。

懷特霍恩（Katherine Whitehorn）

有一種見解——它尤其以低派新教（low-church Protestanism）的某些形式出現——是這樣的：保羅提倡牧者自行賺錢為生，並自行籌款維持其事工。有時候，人們甚至會根據保羅在哥林多前書九章和使徒行傳二十章論到自己以織帳棚或修補帳棚為生，而稱之為織帳棚事奉。不幸地，這個進路誤解了幾乎所有關乎保羅論到「工人得工價是應當的」的教導，它沒有按著保羅經歷到的實際社會處境和社會習俗來詮釋保羅書信。事實上，就如我們將會看到，保羅頗為樂於接受資助，只要它不涉及與恩庇者糾纏不清的聯盟。因此，就此而言，或在別的情況下，我們都不應該把哥林多困難重重的情況和保羅對它的回應，理解為牧者要自行籌款的普遍原則。事實上，哥林多前書所說的是，會眾有責任資助牧者，但是保羅也有拒絕資助、自己維持生計的自由。金錢和教會的課題一直是敏感的話題，當要處理牧者和他們薪酬的問題時，更是如此。

承擔得了的責任、證明的責任

要詳盡討論保羅對金錢、財物、薪酬的看法，最佳入手點可能是他最早寫成的書信——加拉太書（可能在主後四十九年寫成）。保羅在一世紀四十年代某次探訪耶路撒冷教會時，承諾過會「記念窮人」之後，就展開了一連串艱苦的宣教旅程，在位於今天的塞浦路斯和土耳其的不同地方建立教會。加拉太書是在那些旅程之後不久，在安提阿寫成的，它論到教會紀律的各樣問題。我們會以加拉太書六章 1 至 10 節為焦點，那是該書卷的高潮。

在加拉太書中，保羅最後的論證結構相當清晰，它分為兩個段落：六章 1 至 5 節和六章 6 至 10 節。第一個段落主要討論基督律法（law of Christ），第二個段落主要討論警句「人種的是甚麼，收的也是甚麼」。在這兩個段落裏，關於「彼此負責的集體責任」和關於「個人責任」的用語似乎交替出現。

六 1 上	集體責任——糾正一個犯了罪的基督徒
六 1 下	個人責任——自己當心（你是單數）
六 2	集體責任——各人的重擔要互相擔當
六 3 ～ 5	個人責任——察驗自己的行為、擔當自己的擔子
六 6	集體責任——供給施教的人
六 7 ～ 8	個人責任——人種的是甚麼，收的也是甚麼
六 9 ～ 10	集體責任——各人應當向眾人行善，尤其當向信徒行善。[1]

保羅在這個論證中，嘗試清楚説明基督徒的生命應該是怎樣的。

要詮釋以上建議，核心問題是：這個建議到底有多具體？保羅只是在這裏收集和整理一些普遍的規語，適用於當時歸信者的處境，還是這個建議其實有其針對性和獨特性？在沒有忽略這段經文的靈性層面的情況下，我主張保羅的論證有一個往往被現代解經學家忽略的社會層面。當然，情況並不一定總是這樣。屈梭多模在評論這段經文時，不單認為六章 6 節直接提到要在經濟上資助基督徒教師，也認為 7 至 10 節把同樣的觀念，延伸到給予他人物質上的幫助，尤其是給予那些在信仰家庭裏的人。

乍看之下，這段要各人互相擔當彼此重擔的經文，似乎是在建議提供靈性層面的支持和對個人的資助。但是在一個詳盡和可信的研究裏，史崔倫（J. G. Strelan）主張這整段經文的主題是經濟問題。[2]為了支持這個結論，他提出假如同時考慮到希臘文化和語言學的語境，就會得出以下幾點：第一，六章1節的 *prolambanein*（「預期」或「預先去做」）一詞可以指之前、預先得到的金錢或定金；而 *paraptōma*（作惡）一詞可以指支付金額出現的錯誤。在六章2節，我們看到 *baros*（重量）一詞，在保羅書信裏，至少有一半用法是指經濟重擔。我們也看到 *bastazein*（拿起、擔當）一詞，可以理解為支援，如承擔別人的債務；還有 *anaplēroun*（取代、履行）一詞，往往指全數繳付、履行契約，或付清債務。六章4節有 *dokimazein*（以測試來驗證）一詞，指定期測驗金屬和錢幣的真偽（比較箴八10，十七3），以及 *ergon*（工作）一詞，往往指貿易或商業活動（比較啟十八17）。在加拉太書六章5節，*phortion*（負荷、重擔）通常指貨物或商品。在六章6節，*koinōnein*（供給）一詞可以指分擔經濟重擔，或擁有共享的物質資源（比較徒二42起，四32），而 *logos*（話語）可以指一項（支出）帳目（參腓四14～15）。在六章7至8節，我們看到撒種和收割的用語，而在這段經文之外，保羅惟一使用這類用語的地方，其上下文表明金錢是討論的重點（比較林前九10～11；林後九6）。在六章9至10節，*kairos*（時間）可以指繳費期限。最後，我們留意到，拜利爾（John Bligh）認為六章10節的「信徒一家」，是指耶路撒冷的基督徒。[3]對此，賀塔多（Larry Hurtado）補充說，六章10節講的是為耶路撒冷的教會收集捐獻。[4]

我們必須記住，保羅頗能使用物質層面的用語來形容靈性層面的事，就如他以與奴隸制度有關的不同詞語和概念，來形容救恩和基督徒羣體中的服事。但是，整體來説，説六章 1 至 10 節是以經濟為重點是可信的。也就是説，保羅在這裏遠不只提出普遍的規語，他在結語中，為我們提供了一些明確的例子，説明擔當重擔和跟隨基督律法是甚麼意思。加拉太書六章 1 節以關注某些律法來展開這個子段落（subsection）——保羅相信歸信者有可能違反某些他們有責任遵守的律法。這裏有兩個可能：一是違反世俗的法例，二是違反他在上下文提到的規範，即基督律法。鑒於加拉太書六章 1 節與耶穌在馬太福音十八章 15 節的教導是平行記載，這令後者顯得較為可信，馬太福音的記載是：「倘若你的弟兄得罪你，你就去，趁著只有他和你在一處的時候，指出他的錯來。他若聽你，你便得了你的弟兄」。

因此，在馬太福音十八章 15 節和加拉太書六章 1 節裏，我們都看到當發現基督徒犯罪時應該怎樣做的教導。在這兩段經文裏，重點是挽回被絆倒的信徒，而不是對他或她執行紀律處分。我們將會發現，保羅在他最後的論證裏，都是以重述耶穌的兩個教導來展開每個段落（1 節和 6 節；編按：詳細討論參下文）。當論到保羅所指的「基督律法」是甚麼意思時，我們必須把這些考慮在內。

對於保羅在六章 1 節裏的「你們屬靈的人」是甚麼意思，一直以來眾説紛紜。他是指加拉太某羣特別的基督徒權貴嗎？根據兩點，這似乎不太可能。第一，我們在這封書信之前每次見到的「你們」，總是指加拉太的所有外邦歸信者，他們是這封書信的收信人。第二，保羅在加拉太書提到所有基督徒都已得著聖靈（加三 2 ～ 5、14，四 6、29，五 5、16 ～ 18、22 ～ 23、25，六 8），他也強調加拉太人在他們歸信時領受了聖靈——事實上，這正是他們與眾不同，被分別出來成為基督徒的理由（參三 1～5）。這裏的「違規者」似乎與「屬靈人」形成對比，而屬靈人是那些在加拉太聚會，卻沒有違規或犯罪的人。其實，保羅是在警告屬靈人「要小心，免得你〔單數〕也被引誘」（編按：《新漢語譯本》）。保羅提醒執行紀律的人，他們也是在道德上容易犯錯的人，必須小心，不要犯下同樣的罪行。我們不應該給道德優越感留餘地。

我們可能不應該把加拉太書六章 2 節連於六章 1 節，因為那裏並沒有連接助詞。留意**彼此**（one another）這詞是為了加強語氣，強調要以別人為先。*Ta barē* 是指某種負荷或重擔，以這個片語來表示經濟重擔，也很常見。[5]就如之前提過，這詞和它的同源詞在保羅書信裏，超過一半用法是指經濟重擔（如帖前二 5～9；帖後三 8，以及林後十二 16），這裏也頗可能有那個意思。記住在耶穌傳統中，有這樣的勸勉：「有求你的，就給他；有向你借貸的，不可推辭」（太五 42）。在這之上，我們還可以加上雅各書二章 15 至 16 節間接提到耶穌傳統的教導（有關以行動而不只以言語幫助有需要的人）。

希斯（Richard Hays）有力地指出，保羅在這裏想到的，是基督作為最終擔當者的榜樣。即使我們只參考保羅在加拉太書論到基督的話，我們也能看到「基督照我們父上帝的旨意，為我們的罪捨己，要救我們脫離這罪惡的世代」（加一 4）。我們也在二章 20 節看到「上帝的兒子⋯⋯他是愛我，為我捨己」，並在三章 13 至 14 節看到「基督既為我們受了咒詛，就贖出我們脫離律法的咒詛」（很可能暗指擔當重擔的代罪羔羊這概念）。在這之上，我們還可以加上片語「耶穌基督的信實」(faithfulness of Jesus Christ)來簡略地表明：基督順服，甚至死在十字架上，按著上帝的計劃，為了人類的罪惡擔當刑罰重擔。

而且，我們必須留意加拉太書對有著基督形象，甚至是基督受難形象的保羅和其他這類基督徒的描述。保羅將自己的生命視為基督展現的生命樣式的重演/再現(recapitulation)。在這裏，最重要的經文是二章20節：「我已經與基督同釘十字架，現在活著的不再是我，乃是基督在我裏面活著」。[6] 換言之，這個擔當重擔和虛己的樣式是基督之所是的本質，也因此是保羅論到基督律法(或主要原則)時的核心信息。

加拉太書六章3節可能沒有開展一個新的課題，而是進一步發展前文所說的。在這裏，保羅訓斥那些自以為是，其實一無是處的人。這可能是在訓斥那些以為自己太好或太重要，以致不用擔當別人重擔的人。這與基督的樣式形成強烈對比：雖然祂無疑是重要、特別的，卻倒空自己，成為卑微，取了奴僕的形象(腓二章)。保羅在這裏可能只是稍微含蓄地提到那些在生活、言行上沒有跟隨基督樣式的人，那些根據錯誤的標準來評估自己的人。*Phrenapata* 一詞指欺詐，在這裏是指自欺，很可能是當中涉及的自負，導致人不願擔當別人的重擔，或不願背負十字架的羞辱(參加六14～15)。

務要記住，在古代講究榮辱的文化裏，人多麼容易傾向自誇與自抬身價。與此同時，主張地位較高的人應該往下，成為那些較為貧困或擔子較重的人的奴僕，又是多麼反常。基督的樣式和十字架的信息，顛覆了希羅文化很多主要的社會前設。甚少異教徒願意擔當奴僕的工作，而這當然包括擔當各種各樣的重擔。

4節表示事實上，保羅有留意當代的習俗，並知道哪些自誇自詡在哪些時候是恰當的。[7]留意他並沒有說所有自誇都不恰當，而是說人所誇的，應藉著察驗自己的行為，而不是鄰舍的行為。也要留意，保羅在這裏並非論到上帝的審判對人的行為所作的最後檢驗，他說的是審慎的自我評價。

那麼，保羅在5節說各人必擔當自己的擔子，指的是甚麼呢？這豈不是有違他剛在2節所說的話嗎？保羅為甚麼在論到擔當彼此的**重擔**時，使用的詞語會有別於2節呢？（編按：2節出現的「重擔」和5節出現的「擔子」，原文用的是兩個不同的詞語。）保羅不太可能平白無故地在短短三四句話裏自相矛盾。我們可以論說，保羅在這裏是說，可以自力更生的人不應該期望別人照顧他們；但是與此同時，假如人有能力幫助那些真正需要幫助的人擔當重擔，那人就應該這樣做。換言之，保羅在這兩節經文欲說明兩種行為的不同之處：一種是自我中心、利用別人的善意（5節），另一種是基督徒的責任——其捨己的特徵——彼此擔當生活的重擔（2節）。

保羅可能在這裏特意賦予**擔子**稍微有別於六章2節中「重擔」的意思。這個詞語似乎較少按象徵性或非物質的意思被使用。*Phortion*這詞在其他希臘文著作裏一般是指士兵的背包。[8]在5節這裏，保羅肯定不可能在提倡自足（self-sufficiency）這個希臘哲學理念。保羅並不相信那個理念；他相信依靠上帝就足夠。鄧雅各（James Dunn）的評論比較準確：「成熟的屬靈羣體……有能力辨別哪些擔子必須自己擔當，哪些重擔需要別人的幫助」。[9]

假如我們要在5節和6節之間找個關聯，以後者限制（qualify）前者，那麼我們可以從另一個角度思考。我有以下假設：（1）必須考慮4至5節的**行為**（*ergon* / work）和**擔子**這兩個詞語之間的關係。保羅是在討論人的工作或有薪職業，以及人怎樣看待它；（2）5節的擔子事實上是個經濟擔子。若可能的話，各人都應該擔當自己的經濟擔子，而不應該成為其他恩庇者或慈惠事工不必要的擔子；（3）這個規定的**例外**出現在6節，那裏提及耶穌的教導：「工人得工價是應當的」。保羅在好些地方引用這句話，藉此肯定他和其他佈道家和宣教士有權利從他們服事的教會得到經濟上的資助。即使這些宣講者可以拒絕這樣的幫助，他們卻有獲得資助的權利，以致可以專心分享福音；（4）6節的「一切需用的」是指教師的門徒給予教師物質上的資助；（5）然而，煽動者和跟隨他們堅稱要行割禮的人，乃是在輕慢上帝；順著情慾撒種，最後只會自食其果；（6）這個警告是給加拉太人的，免得他們跟隨煽動者的足迹而行；（7）加拉太人不應該對1至2節和6節提到的行善感到喪志（weary；編按：《新譯本》譯為厭煩），因為做這些事最後將有賞賜；（8）這個值得稱讚的行為應該專注於上帝的家，但也應該包括所有眼目所及的人。假如上述這一切都是正確的，那麼這裏的論證就比人們一般想到的有著更加慎密的思路，尤其是第二部分。無論如何，我們再次看到在2節的「各人的重擔要互相擔當」和5節的「各人必擔當自己的擔子」之間，保羅並沒有自相矛盾。

保羅在加拉太書六章1至10節的論證的第二部分與第一部分一樣，主要以經濟問題為焦點。與第一部分的論證一樣，保羅首先自己演繹耶穌的教導，並把它應用在加拉太歸信者的情況：「在道理上受教的，當把一切需用的供給施教的人」（編按：加六6）。這個勸勉建基於路加福音十章7節記載的耶穌言論，保羅在哥林多前書九章3至14節花了好些篇幅來闡明。在那段經文中，我們也有關於基督徒被其他人審查或盤問的討論（林前九3），關於傳道的教師有權得到資助的討論（九6、13～14），[10]以及關於教師撒下屬靈的種子，並收割到物質上的益處的言論（九11）。我們必須重視這些平行記載，從中可見，保羅很可能在加拉太書六章6至10節討論與經濟（以及靈性）相關的問題。然而，我們實在難以得知保羅在這裏是否暗指自己，即加拉太人有責任資助他。這肯定是一個時常在保羅書信中出現的主題（參林後十一7～11；帖前二9；帖後三7～10；羅十五24；腓一5，四15）。此外，片語「一切需用的」也在新約聖經其他地方出現，都是指物質上的資助、援助，或指食物（路一53，十二18～19）。

我們應該按字面意思理解單數的「施教的人」嗎？若是如此，那麼保羅可能是在指他自己。然而，另一個可能性——或許是較可取的解讀——是保羅當時心裏想到的，是一些配得加拉太人資助的本地基督徒教師或加拉太地區的教師。因此，「需用的」可能是為10節的結束勸勉鋪路，那裏的「善」指向這裏的「一切需用的」，包括物質和經濟上的援助。

保羅在7節下引述的，有可能是希臘和猶太著作中的格言，[11]為要給前文的警告提供理據或基礎。對我們的研究來說，重點是保羅引用這個隱喻的其他地方（林前九10～11和林後九6），討論的焦點都是經濟問題。這類用法可能呼應了箴言二十二章7至8節的討論：「富戶管轄窮人，欠債的是債主的僕人。撒罪孽的，必收災禍；他逞怒的杖也必廢掉」。也要留意，叫人不要對行善感喪志的勸勉，也在帖撒羅尼迦後書三章13節中要人賺取自己的生計和拒絕懶散的勸勉之後出現。

假如我們把這一切綜合起來，7 至 8 節的意思就很清楚。7 節下是一句論及所有人的話，包括基督徒。保羅使用情慾—聖靈的對立，把它應用在 8 節。我認為，論到順著聖靈撒種，保羅想到的是為正當的教師提供物質上和其他方面的資助。6 至 8 節必須一同來看。保羅在 8 節將行割禮這個出於自己的行動，對比關心他人和為了他人而作的行動；前者屬情慾，後者屬聖靈。這與這個段落整體的主旨一致，強調關心他人的行動和警告眾人不要自私自利。（它也與羅馬書二章類似的討論一致，那裏討論的是現在的行為與將來的終局兩者的關係。）

9 節警告行善不可喪志，並應許若行善的人不放棄，到了將來適當的時候，就會有收穫。由於這節在文法上與 8 節相連，我們或許應該在這裏把它視為 8 節關於撒種和收成的評論的補充說明。這節與前一節一樣，暗示回報是在將來才得到的。收成有一個前提，就是它不會自動出現在個人身上，即使是個別的基督徒也一樣。他們必不可喪志、放棄行善。保羅在這裏和其他地方一樣，承認那些此刻在基督裏的人，有可能會背道或放棄信仰，因此錯過永恆的生命和隨著國度圓滿實現而來的其他益處（參加五 3～4）。保羅並不是說人**靠**善行得救，而是說當有時間和機會去做這樣的事時，人如果不做，就不會得救。它們不是基督徒生命中可供選擇的額外之物。

在 10 節，保羅總結他的論證，更清楚地說明順著聖靈撒種是甚麼意思，比 9 節暗示的更清楚。開始的片語「所以」與它在保羅書信其他地方出現時一樣，標誌著總結或論證中的要點（參羅五 18，七 3、25，八 12，九 16、18，十四 12、19；弗二 19；帖前五 6；帖後二 15）。它在這裏出現，頗為清楚地表明，只把這個段落視為個別規語——與前文後理或整封書信較廣的論證只有很少關聯，甚或沒有關聯——是不恰當的。可用來說明接著的經文的修飾語是「當時間許可」或「當我們一有時間(和機會)」(編按：《新標點和合本》譯為「有了機會」)。保羅說我們這些基督徒(包括他自己和這裏的聽眾，和9節一樣)應該「向眾人行善」。保羅絕不反對善工或行善。他較早時的批評乃針對某一類特定的行為——律法之工。事實上，保羅在1至10節整個論證中力言，歸信者需要行善，避免行惡。向眾人行善至少包括向有需要和貧窮的人行善。保羅在最後的勸勉中補充的是，信徒尤其應向信徒一家這樣行。

保羅因此以勸勉他們應該做甚麼和不應該做甚麼，來結束這整個論證(以及加拉太書)。加拉太人並沒有得到一些含糊、普遍的規語，而是明確地被告知要挽回犯錯的基督徒，互相擔當各人的重擔，在經濟上資助他們的教師，並向眾人行善，尤其是基督徒。做這一切事，他們就是在跟隨耶穌的生命樣式和教導，保羅稱之為基督律法。

我們在保羅最早寫成的書信中找到的明確原則，將會在他之後的書信中更詳細地闡明。這些原則包括以下幾項：第一，基督徒應該自己維持生計，並擔當自己的經濟擔子；那些不工作的人，不應該期望有飯吃、不應該白吃會眾或會眾的膳食。[12]第二，當有需要時，會眾成員應該上前來，互相擔當各人的重擔；這是明確地踐行基督給祂門徒的誡命。第三，教師當得經濟上的資助，而會眾也應該資助他們，雖然教師可以因著不同的原因拒絕這些資助。這自然而然把我們帶到保羅在帖撒羅尼迦後書三章和哥林多前書九章關於牧者薪酬的討論。

牧者的薪酬：一個假設

我們在本書較早時提過，研讀聖經一個潛在的錯誤是時代誤置。在研讀保羅書信時，這尤其是個問題。我們錯誤地假設今天的情形與保羅身處的時代一模一樣，以致以為不需要明白過去和現在的社會有何分別，也能正確地理解保羅的話。這種想法在論到金錢和牧者薪酬時尤其錯誤，因為它並沒有顧及古代的恩庇制度，以及當受恩庇者要為恩庇者做很多工作時所帶來的種種問題。保羅最需要自由自在地到他需要去的地方、按自己的計劃發展事工，不受任何糾纏不清的聯盟阻礙。假如資助並沒有附帶任何條件，那非常好；但是若非這樣，那麼保羅就會自己謀生。保羅小心繞過互惠和恩庇文化的拖累，嘗試向人傳上帝那白白恩典的福音（gospel of God's free grace）。這是個複雜的話題，人們不明白在論到金錢和薪酬時，保羅為甚麼會做某些事和說某些話。最後，保羅使用的術語也是另一困難。類似「給我送行」或「授受的關係」等片語有明確的關於經濟的弦外之音。前者指提供旅程的資金和物資；後者指同等的關係，有別於恩庇者和受恩庇者的關係。記住這幾點，讓我們看看兩段關於牧者薪酬的經文——帖撒羅尼迦後書三章 6 至 10 節和哥林多前書九章 1 至 18 節——有甚麼話要說。

帖撒羅尼迦的基督徒當中既有社會上的權貴，也有非權貴。保羅對於一些非權貴遊手好閒、期望可以成為受恩庇者，以致不用做任何難苦的工作而感到不快。我們在這裏並不是指那些貧窮的乞丐，而是指那些被其恩庇者視為值得稱許的受恩庇者——那些有前途、有能力，卻沒有貴族血統或權貴背景的人。在商界發展得相當不錯的自由人就是個例子。

保羅擔心，基督徒這樣的行為會成為給世界的壞見證。出於同樣的理由，對於恩庇者，包括基督徒恩庇者採取慣常的做法，即叫他們的基督徒同伴參與糾纏不清的聯盟，他亦感到不滿。在某些情況下，一些非基督徒恩庇者可能會期望基督徒受恩庇者進行敗壞靈命的活動（例如參加拜偶像的宴會，或向皇帝獻祭）。保羅在寫帖撒羅尼迦後書時感到很迫切，可能是因為他在哥林多親眼看見，參加拜偶像的宴會如何使歸信者在道德上妥協（林前八至十章）。此外，異教徒成為基督徒後，要適應基督徒羣體生活十分困難，因為他們之前與異教信仰和異教朋友的聯盟，會使他們繼續陷於異教信仰的習俗裏。

由始至終，帖撒羅尼迦後書三章 6 至 12 節都是關乎作工和帖撒羅尼迦人需要效法保羅作工的榜樣。撰寫帖撒羅尼迦前書時，保羅只是懷疑帖撒羅尼迦人遊手好閒；但是到了他寫帖撒羅尼迦後書時，這已經成為事實。有些人不單遊手好閒，甚至「不按規矩而行」（編按：帖後三 7），因為他們沒有效法保羅積極服事羣體。保羅清楚指出，他自己的榜樣早已是這所教會領受了的部分傳統，因為就如帖撒羅尼迦前書二章 9 節所示，當保羅最初來到帖撒羅尼迦人當中，他辛苦勞碌，晝夜作工。作為宣教策略，這在帖撒羅尼迦和哥林多是尤其聰明的做法，因為這兩個城市都舉辦奧林匹克模式的運動會（在哥林多是每年兩次），不時需要帳棚。這些帳棚是那些參加運動會的人的暫時居所，相等於今天的廉價旅館。

就如他在哥林多前書直接指出的一樣，保羅也在帖撒羅尼迦後書三章 9 節指出作為教師和使徒，他有權利和權柄要求獲得資助（比較下文關於林前九 3 ～ 18，尤其是 15 節的討論）。但是，他放棄了那個權利，以致不會被恩庇制度的關係阻礙，如那些在帖撒羅尼迦人當中的「遊手好閒者」。保羅持守的基本原則是耶穌的教導：「工人得飲食是應當的」，又或另一種說法是：「工人得工價是應當的」。然而，他知道他也有權利拒絕接受這樣的資助，尤其是當它帶著恩庇制度背後的假設。保羅在這裏可能引述了「若有人不肯作工，就不可吃飯」這傳統格言（比較創三 19；箴十 4）。[13] 他在針對那些拒絕作工的人。

11 節涉及一個巧妙的雙關語——遊手好閒的人很忙碌，在完全有能力作工時卻依賴他人，不是專管閒事，就是阿諛奉承。12 節說這些人必須安靜下來，自食其力。這再次強調保羅較早時提到的「作安靜人，辦自己的事，親手做工」。保羅在這裏對遊手好閒的人的責備，並不像對明顯行為不端的哥林多人那樣嚴厲。保羅在這裏只是建議信徒要避開帖撒羅尼迦的遊手好閒者；但在哥林多，保羅甚至主張要把行為不端的哥林多人逐出教會。

在哥林多前書九章，保羅並不是在為自己的使徒身分辯護，而是明言自己有權利得到歸信者的資助。這從哥林多前書九章 4 節起清楚得見。「難道我們沒有權利吃喝嗎？」（編按：《新漢語譯本》）這句反問只有一個可能的答案：「我們當然有」。保羅接著使用了一連串類比：當兵的有權利期望糧餉，栽葡萄園的有權利期望吃園裏的果子，牧養牛羊的有權利喝牛羊的奶。之後，他引用了一個牛在場上踹穀的時候，可以吃穀的例子（參申二十五 4）作為論證的關鍵。這是一個層層遞進的論證，保羅以此說明，既然連這些工人都有權利得到工作的報酬，福音的使者更應如此。然而，在 12 節，論點改變了。

在清楚說明他有權利得到薪酬之後，保羅接著反過來，強調他有權利拒絕薪酬或不同類型的資助。他並沒有在哥林多接受薪酬的原因是「免得福音被阻隔」。他在說甚麼呢？

保羅在這裏是指，有些受薪教師/哲學家/修辭家受惠於恩庇制度，或收取了宣講或教導費用，因此被視為「已妥協」或「已被收買」，這些人的言論很可能會傾向取悅恩庇者或付錢的聽眾。[14] 在一世紀五十年代，哥林多是個新興都市，是羅馬殖民地，建基於恩庇制度的關係數之不盡。然而，說完了 12 節的話後，保羅再次反過來強調他與祭司，甚至是殿役（temple servant）一樣，有權利分享獻在壇上之物。14 節有力地說：「主也是這樣**命定**，叫傳福音的靠著福音養生」。

按照這多番強調來看，我們應該問的是「那麼，是甚麼可能導致保羅在哥林多不接受薪酬？」而不是「保羅認為牧者有權利受薪嗎？」換言之，保羅必須提供一個**不**接受薪酬的理據，因為牧者受薪是很正常的事。理據是這樣的：雖然保羅有權利為講道而得到薪酬，但假如他講道並因此得到薪酬，那麼服事就變成一種回報了，並沒有甚麼可誇的。回報性的工作（或是欠了那些付款的人錢）是沒有賞賜的。然而，保羅想得到白白地向人傳福音的尊榮，以致他有誇口的地方。

這只是保羅的傲慢驅使嗎？不，還有更多。這可以從**阻隔**一詞得見。受薪講道會使福音——上帝那白白的恩典——在哥林多受阻，這並沒有任何益處。保羅清楚知道，假如他接受薪酬，就會被視為另一個困於互惠循環中的受薪者。為了薪酬而教導或講論雖然可以很有趣，但是這種教導或講論極其量只會被視為浮誇之辭，甚至是娛樂。因此，他在哥林多為了一個特定的原因，而放棄了自己可以得到薪酬的權利。與很多初信的外邦歸信羣體一樣，哥林多人還未掌握到不計回報的施予，或白白的恩典，或真正捨己的觀念。但是在腓立比和其他地方，似乎恩典、白白施予和領受這些有別於回報或報酬的觀念，都是人們所理解的。

從哥林多後書十一章 8 至 9 節和腓立比書四章 14 至 16 節清楚可見，保羅的確有接受金錢和資助，但這來自於**他當下並沒有探訪**的會眾。我們要怎樣理解這一點？第一，雖然保羅接受腓立比人定期的資助，但當中並沒有證據顯示這是恩庇侍從關係的產物，如哥林多的情況。相反，保羅視他與腓立比人的關係為授受的關係，即同等的關係（參徒十六 15；腓四章）。保羅可以在遠方接受資助，因為並沒有人會將這個報酬詮釋為來自恩庇制度的關係。暫時性的款待也沒有問題，保羅也在不同的城市依靠這樣的款待（例如羅馬書十六章非比的資助；使徒行傳十六章呂底亞的款待）。

要完全明白這個討論的多樣性，我們必須明白猶太人普遍不像有地位的外邦人那樣鄙視體力勞動。保羅並不以身為皮革匠為恥，雖然一些有地位的歸信者可能會以這事為恥。使一切更加有趣的是，保羅在哥林多前書九章以有地位人士的用語來進行他的討論。他在當中提到從社會的階梯上下來，靠雙手為生，甘心被鄙視，諸如此類。這些話出自一個有地位的人，他認為他有自由放棄自己作為有地位的人的權利，這等於放棄作為受過良好教育的羅馬公民的權利。這正是哥林多前書九章 19 節所暗示的：保羅甘心作眾人的僕人，就如他的主耶穌所做的一樣，因此拆毀了他身處的文化裏的社會階級觀念。這必定令哥林多一些有地位的歸信者（例如羅馬書十六章 24 節提到的城內管銀庫的以拉都）十分忿怒或不解。

我們可以從這一切既有趣又複雜的資料中下甚麼結論呢？我們可以斷定，織帳棚事奉是某種標準，是保羅對其他牧者（甚至包括根本不在保羅回應的社會情況裏的牧者）的要求嗎？肯定不可以。我們應該下結論說，雖然保羅申明牧者當得薪酬，最後卻收回他的話嗎？也肯定不應該。我們早已見到他怎樣在其他處境中，堅持加拉太人要在經濟上資助他們本地的教師。我們應該把自願選擇無薪或沒有資助的事奉這個做法，變成給現代牧者的某種標準，或某類給那些真的勇敢效法保羅的人的更高呼召嗎？答案也再一次是不，因為保羅只是基於在哥林多接受恩庇制度或資助，會形成阻礙，因而放棄薪酬。在其他處境裏，他樂於接受資助，只要它不涉及任何糾纏不清的聯盟，因為這會阻礙他自由地向所有人傳福音。我們稍後討論到哥林多後書八至九章時，這一點會更清楚。但是在這裏，我們似乎更適宜看看保羅對貪愛錢財和金錢可以買到甚麼的討論。[15]

貪愛錢財和珠光寶氣

毫無疑問，保羅強烈反對為了金錢事奉。他多次警告眾人要提防某些人利用敬虔賺錢，這是個特徵或警號，讓人知道他正在面對一個假教師。我們在提摩太前書六章 2 至 5 節看見這類對假教師的批評，它也引領我們進入新約聖經關於金錢的更重要討論，見於提摩太前書六章 6 至 10 節。要記住，這裏的上下文是關於假教師的特徵和怎樣辨認他們的討論。

保羅在提摩太前書六章 6 節警告眾人貪婪的危險，他透過之前在腓立比書四章 13 節明確談到的原則——敬虔和知足有莫大益處（比較提前四 8）——來闡明這一點。因此，保羅在某種意義上，是在肯定真正的信仰有莫大的**益處**，卻不是假教師心裏所想的那種好處。保羅使用了犬儒學派（Cynic）和斯多亞學派（Stoic）思想的重要詞語 *autarkeias*，惹來很大爭議。它是指變得自足或獨立的理想狀態，字面意思是「自主」或「自足」（比較林後十二 9，那裏指足夠）。[16] 有些人因而在這裏把這詞譯為「知足」，把保羅的教導從犬儒學派和斯多亞學派的教導分別出來，這尤其因為保羅相信的是上帝的充足供應，而不是自足。知足是這詞一個可持的解釋。

根據這個邏輯，保羅在這裏是指向擁有生活必需品已知足，並且在上帝裏找到滿足的人。這很合理。但是，要記住保羅正在論辯，他反對人沉溺於慾望和熱望，那會耗盡，甚至是摧毀人的生命。他論到一個失控或欠缺自制能力的人，這樣的人依賴止癮的東西——在這裏指金錢或利益——去滿足需要。保羅將這樣的人（按他的說法，假教師就是這類人）對比沒有成為慾望的奴隸，並安於得到基本需要的人。在這裏，我們有一個省略推理法（enthymeme），一個有隱含前提的推論（見下面第 3 點）。我們可以如下列出：

1. 思想敗壞的人（專好問難，爭辯言詞）認為宗教或敬虔是圖謀經濟利益的途徑。[17]
2. 但是在過程中，他們自己失喪了真理。
3. 〔最後的結果與他的目標相反。〕
4. 弔詭地，擁有自主/獨立的敬虔或真正信仰會為人帶來大利，雖然這並不是「這樣的人」心裏所想的那種「大利」。

5. 因為我們沒有帶甚麼到世上來，也不能帶甚麼離去。

成熟的基督徒並不會成為某種慾望——在這裏是指對金錢或利益的慾望——的奴隸。自主與為奴在這裏是個對比。更直接地說，敬虔和自主／自制對比不敬虔的慾望（例如貪婪），這慾望會使人成為奴隸，並且利用宗教來滿足自己的慾望。真正敬虔的人是自由的，至少不是這些慾望的奴隸。保羅在這裏引用了希臘文化的思想，卻為它們加添了一點基督信仰的色彩。他並不認同斯多亞學派的自足概念，但是他相信真正的宗教信仰會使人從不同的沉溺和慾望中得釋放。

從渴望金錢、財物、奢華中得釋收的前提，是我們懂得我們沒有帶甚麼到世上來，在離開世界時也不能帶走甚麼。在這裏，保羅可能再次引述了一句廣為人知的規語，這話並不為強調別的論點，而是為了證明這裏的省略推理法。我們注意到約伯記一章21節的平行記載：「我赤身出於母胎，也必赤身歸回」，或更加接近的是《七十士譯本》的傳道書五章15節：「他怎樣從母胎赤身而來，也必照樣赤身而去；他所勞碌得來的，手中分毫不能帶去」。[18] 重點是我們並不擁有我們在這個世上的東西，它們不過是我們以管家的身分，為真正的物主上帝所託管的東西而已。

我們不應該嘗試從那非我們所出、沒有賦予我們生命、最後也無法使我們避開死亡或帶我們到天堂的東西那裏，去尋找我們的滿足或價值。就如我們較早前提過，「你無法帶走它」這觀念對所有異教徒來說，並不容易理解，因為很多古代宗教都相信，人死時可以把東西帶到死後的生命。因此8節進一步強調，只要有「衣」有食，就當知足，「衣」可以指衣服或屋簷。[19]

「但那些想要發財的人（經文並沒有說他們早已是富人），就陷在迷惑、落在網羅和許多無知有害的私慾裏，叫人沉在敗壞和滅亡中」（提前六 9）。留意這節經文中的片語「想要發財」和「想要作教法師」（提前一 7）之間的近似之處。這個修辭效果或呼應，暗示保羅以這兩個片語來指同一類人。我們可以比較這裏與財主和拉撒路的比喻（路十八章）。假如會眾當中並沒有一些有地位以致有財力叫假教師的金庫增添金銀的人，就不需要這樣的教導了。我們可以找到同類教導，例如彼得前書五章 2 節，當中嚴厲地警告會眾裏的長老（不是假教師）不要「貪財」，就如布倫姆伯格說：「至少這暗示基督徒領袖不應該為了薪酬或任何金額的報酬，而想成為牧者。」[20]

我們必須小心翻譯 10 節，因為它是教牧書信中最常被人引述，同時也是最常被錯誤引述的經文。[21] 在猶太道德傳統中，提及罪惡的根源十分普遍。舉例來說，斐羅提到慾望、不平等、驕傲、虛謊這些罪惡，會引申其他罪惡。[22] 10 節說貪財（不是金錢本身）是所有罪惡類型（不是所有罪惡）的其中一個根源（不是**惟**一根源）。保羅並不是說貪婪或金錢是世上所有罪惡的本源。

我們在這裏似乎再次見到一個常見的規語。哲學家比昂（Bion）說：「貪財是萬惡之都」。[23] 值得留意的是，人們時常批評詭辯家，以及各類受聘的教師、修辭學家、哲學家，指他們為了致富才去教導。[24] 因此，假教師也被納入這類教師當中。也要留意，耶穌在警告祂的跟隨者要小心那些欺騙富有寡婦（可十二 38 ～ 40）的文士（精通律法的神學教師）時，也批評這類教師。有人質疑假教師和寡婦之間是否有這樣的關連，尤其是教牧書信中的年輕寡婦。以上規語再次成為論證的關鍵，證明了這一點。同樣的規語也應用在希伯來書十三章5節上，我們在那裏看到保羅的建議，重申：「你們存心不可貪愛錢財，要以自己所有的為足」。[25]

這段經文批評的是人們對金錢的**態度**。假如我們貪愛類似金錢的東西，並利用人來得到這些東西，我們就恰恰與上帝想我們走的路南轅北轍。物品無法去愛或承載人與人相愛的關係。這種佔有慾最終是拜偶像的一種，嘗試在上帝以外尋找我們的生命、支持、滿足。這部分講論最近似路加福音記載的耶穌的相關教導，那裏論及貪愛錢財的愚昧和危險（參路六20、24，九23～25，十二22～34，十四25～33，十六13）。我們甚至可以視路加福音十二章15、21節為這個討論的解說：「你們要謹慎自守，免去一切的貪心，因為人的生命不在乎家道豐富……凡為自己積財，在上帝面前卻不富足的，也是這樣」。

保羅補充說，這類病態的貪愛已經導致一些人離開信仰。他們基本上像一頭把自己刺在叉上被火燒的動物一樣，叫自己陷於無盡的愁苦裏。背道的主旨再次出現，在這裏甚至可能暗指地獄與永恆的毀滅。留意這個段落與這封書信其他地方一樣，強調思想上的錯誤與道德敗壞之間的關連。保羅形容貪心的人在思想與道德方面都有問題。

我們現在可以看看提摩太前書第二段經文。保羅在那裏並沒有提及金錢的危險之處，而是反對我們今天稱為珠光寶氣的東西。提摩太前書二章8至15節肯定是保羅所有經文中最惹人爭議的其中一段。但是，在我們的研究裏，我們並不需要以這段經文提出的性別等級問題為焦點。

這段經文在 8 節以訓示敬拜中的男人開始。他們要無忿怒、無爭論，舉起手禱告。這暗示男人們在會眾中力爭祈禱的特權（在這裏或其他情況，可能是某種榮辱之爭在作祟）。這個訓示延續了之前提到要為所有人（包括統治者）祈禱的教導。留意這裏提到「隨處」，似乎暗示了每個聚會的地方或家庭教會。站立（猶太人一般的祈禱姿勢）和舉手祈禱是早期和當代猶太文獻時常提到的習慣（出九 29；詩二十七 2；哀三 41；王上八 22、54；尼八 6；賽一 15）。[26] 張開手是祈求或向上帝伸手求助的標記。

這裏的手被形容為聖潔的手，這大概與在忿怒中舉起的手相反。片語「聖潔的手」十分常見，舉例來說，在約瑟夫的著作裏，我們找到片語「舉起純潔的手」；[27]而在塞尼加的著作裏則有「向天舉起純潔的手」。[28]聖潔不包括忿怒、愛爭論的行為，尤其是在敬拜中（留意提多書一章 7 節提及的「監督」應該是不暴躁的人）。我們可以比較類似彼得前書三章 7 節和雅各書一章 19 至 20 節的經文，那裏表示忿怒阻礙義的道路，並會抑制或妨礙人祈禱。這節所反映的紛爭，可能與假教師的問題有關（比較提前一 3，四 7，六 3～4、20；提後二 16～17、23）。他們當中有些人可能是女性，或至少他們的言行對一些有地位的女性帶來負面影響，以致出現之後幾節的訓示。我們可以假設，由於這個社會處境中有假教師，這些家庭教會中正出現一些分裂，而保羅正嘗試修補這個情況。

我們必須認真看待 9 節開頭的詞語 *hōsautōs*，它可以理解為「同樣地」（編按：《新漢語譯本》譯為「同樣」，《新標點和合本》譯為「又」），這暗示保羅期望女人與男人的祈禱一致，兩者都應該端莊或聖潔。*Katastolē* 同時指向內在態度和外在行為。[29]

在外，女人的穿著要樸素、不惹人遐想；在內，女人要自重、端莊。片語 *meta aidous* 一般是指「尊重/自重」，雖然它在一些經文裏可以有宗教上的敬畏之意。[30]斐羅告訴我們，這是社會一般認為女性應有的美德。[31]在這個文化裏，端莊、自制、敬虔、自重都是人們經常吹捧，並認為女性身上應該具備的美德。

假如我們不把 9 節理解為 8 節有關祈禱指引的延伸，那麼提到女人的裝扮就似乎離題了。與我的判斷一致，屈梭多模事實上曾下結論説，我們必須再次加上主語，以致經文讀作：「同樣地，(我盼望)女人也祈求裝扮得端莊和聖潔」(編按：作者意譯)。屈梭多模這樣説：「與男人一樣，女人也蒙召無忿怒、無爭論，舉起聖潔的手來親近上帝……然而，保羅對女人有更多要求，要她們『廉恥、自守，以正派衣裳為裝飾』。」[32]

9 節繼續衣著和珠寶的主題。我們有很好的理由相信，保羅心裏想到的是特定的事宜。赫立(James Hurley)寫到：「他提到……富人中流行的精巧髮型，(或許)也指向交際花的打扮。那段時期的雕塑和文獻清楚顯示，女性往往梳著極其精巧的髮型，有辮子和捲髮，或交織，或梳得像高塔一樣，並以寶石和/或黃金和/或珍珠裝扮。交際花會梳著小小的辮子，每隔一寸位置就有一個黃金吊墜或珍珠或寶石，使她們的辮子閃閃生輝。」[33]我們可以想像一下，這個場景是一個晚間基督徒敬拜聚會，在一個相對較小的空間舉行，點了很多燈。在這個情況下，配有反光飾物(例如黃金或珍珠)的髮型會使原本專心敬拜的人不斷分心。這裏的建議，似乎是給有地位的基督徒女性的部分普遍倫理規範。舉例來説，在彼得前書三章 3 至 4 節，我們聽到給妻子的警告，她們的美麗不應來自她們的珠光寶氣、服飾、外在裝扮

(辮頭髮、戴金飾、穿華服),而應發自她們裏面,也就是溫柔、安靜。

然而,保羅在這裏並不只是論説要裝扮得合乎體統,而是反對招搖、艷俗與使人分心的服飾。這樣的服飾有違端莊、謹慎、得體、自律的規律,而這些規律是每個參與敬拜的人都應遵守的,尤其是在閉門聚會。某程度上,這個對女性服飾的批評就像我們在朱文諾爾(Juvenal)或普魯塔克的著作裏找到的批評。我們也可以指向一個猶太説法:「因此,要吩咐你們的妻子和女兒,不要為了欺哄男人健全的心智,而裝扮她們的頭和她們的外表」。[34] 我們也應該補充,只有擁有奴僕或髮型師幫助她們的女性(也就是説她們是有較高地位的女性),才有可能梳著保羅在這裏提到的精巧髮型。我們還要強調 *sōphrosynē* 一詞,這個希臘文詞語表示審慎、節制、謹慎、有辨別能力、自制,是希臘人理想的行為。[35] 女人在這節經文最後被呼召透過善行,做與她們的宣稱——要敬拜上帝——相宜的事情。在敬拜中持守合宜的儀態,對男人和女人都很重要,這不僅因為基督徒會看到彼此的行為,也因為這是他們可以邀請非基督朋友來到,成為基督徒聚會一分子的時間(參林前十四 23)。

保羅為耶路撒冷收集捐獻

在我們結束這一章之前,必須提一提保羅為耶路撒冷的貧窮聖徒收集捐獻一事。對保羅來說,這是件大事,尤其是在他事奉的初期。我們早已在加拉太書二章 10 節看到他委任別人收集這次的捐獻,這是保羅第一次提到在哥林多前書十六章 1 至 2 節收集到的捐獻(保羅在那裏說,每逢七日的第一日,各人要照自己的進項抽出來留著)。哥林多後書八至九章是另一處提到這事的經文，那裏形容腓立比人和其他人怎樣捐獻，而哥林多人需要繼續積極參與。還有另一處提到這事的是羅馬書十五章 25 至 28 節，那時是保羅於一世紀五十七年左右到耶路撒冷去，把這些捐款送給那些在耶路撒冷因為饑荒和食物短缺而受影響的人之前夕。此外，使徒行傳二十章 4 節可能暗示，保羅最後把捐款送到耶路撒冷的長老那裏去時，有份捐獻的教會代表也與他同去。換言之，保羅真正論到給予教會或教會羣體金錢的時候，是他關注為耶路撒冷教會的窮人籌款之時。即使是哥林多前書十六章 1 至 2 節，也不是關於要向家庭教會每週奉獻的普遍評論。

假如細讀上文列舉的所有經文，我們就會清楚看到一般的現代西方教會與初代教會的做法相距有多遠。平均來說，大部分美國教會都會把她們預算的百分之九十(甚至更多)花在維修設施與有利她們自己的事工上。相反，保羅鼓勵他在土耳其和希臘的歸信者，要捐獻給海外教會，而那些成員只有保羅自己才認識！保羅認為這樣的施予，是一個把外邦人和猶太人的教會連結成為一個大家庭的方法。

保羅呼召我們所有人去看這個較為全球化的異象，看看教會應該怎樣運用她的資金，就算教會只想「為了信仰家庭作美事」。我們應該舉目觀看，如果知道在達佛和其他海外地方飢腸轆轆的弟兄姊妹的遭遇，就需要有所回應。在危機當中，即使自己手頭拮据，卻還關心他人，這才是真正成熟的基督徒羣體和真正有信心的標記。在人儲存資源的日子，假如教會不單照顧自己人，也願意捨己照顧他人，所有人就會清楚看見基督的見證。我們在危機中怎樣處理我們的金錢，往往最能表達我們是怎樣的人和我們真正信靠的是誰。

結論

在稍為粗略地處理了一些與金錢相關的保羅教導後，我們可以從中學到甚麼？我們看到保羅刻意反覆灌輸一種不涉及炫耀性消費、招搖的裝扮，以及奢華生活方式的基督徒生命；那是一種知足的敬虔生活方式。保羅認為富人和名人的生活方式會阻礙基督徒道德品格的發展，更別提那等於從窮人那裏盜取食物和衣服。貪婪、貪愛錢財被視為所有罪惡類型的其中一個根源，基督徒要不惜任何代價避免（尤其是基督徒牧者，因為提摩太前書六章是保羅特別寫給他的同工提摩太的），並且要避免為了金錢參與事奉。

保羅全心全意認為人要努力作工。事實上，他時常為他作工養活自己誇口（例如林後十一章），並訓示社會中鄙視體力勞動的有地位人士。保羅糾正那些遊手好閒、拒絕作工的人，並指出假如那是他們的態度，那麼基督徒就應該避開他們。他們不應該獲准享用愛筵。讓那些不作工的人不得飯吃吧！白白的恩典並不等於鼓勵不勞而獲或歡迎白吃的人（保羅在這裏想到的，尤其是那些很有可能成為受著名恩庇者資助的人）。

除非我們明白恩庇制度和互惠文化那棘手的運作模式，否則我們顯然無法真正明白保羅對於事奉和薪酬的教導。總的來說，保羅認為會眾有責任支付他們的教師或牧者薪酬，但是牧者可以行使權利或自由，拒絕受薪。然而，當論到教會有責任資助牧職工作時，這並不能成為拒絕的藉口。事實上，保羅相信耶穌命令牧者應該受薪宣講福音，但我們必須避免糾纏不清的聯盟和彼此妥協的社會關係，而福音也必不可成為受聘的詭辯家的奉承話或浮誇之辭。

保羅並不提倡現代人所謂的織帳棚事奉——假如我們的意思是教會植堂者或宣教士應該在事奉之餘兼職或自行籌款維生。當然，他們**可以**這樣做，就如保羅在哥林多和帖撒羅尼迦所做的。但是，哥林多前書九章排除了他們**應該或必須這樣做**的觀點。假如他們選擇採取這樣的做法，必須為了正確的原因這樣做，而不是因為假設新約聖經主張我們不應該有受薪的牧者；相反，保羅論說，教會應該支付她們的牧者薪酬。這一切顯得有趣和諷刺的是，被大部分人視為反對牧者受薪的書卷（哥林多前書），正正提出了最清晰的理據支持會眾應該支付保羅、彼得、提摩太、提多或任何一位本地教師薪酬（參加六章）。

8

拔摩島的約翰，以及給商人和 666 先生的簡訊

金錢往往太昂貴了。

愛默生

基督徒（或許尤其是北美的基督徒）有一個嚴重的問題，就是傾向將關乎教會和國家、信仰和商業、內在態度和外在行為的事宜二分化。在某程度上，這些全都可以導致我們無法整合信仰和行為。就在我們根據我們擁有甚麼來評價自己時，我們無法看見某些致富途徑，會對靈性帶來哪些影響。

雖然有很多經文警告財富和成功會敗壞人的靈命，但我們依然繼續追求物質上的成就，參加提升動力的研討會，並過著炫耀性消費的生活。除了沒有看見屬靈和屬物質之間如何互相影響，我們的文化也幾乎同樣沒有系統地思考過這個問題。基督徒傾向把他們的倫理私有化，就如他們把自己的財產私有化。因此，在我們處理貪婪與物質過剩這些罪時，會以為問題的根源總是在個人身上。但是，假如問題並不只是個人的失衡，或心裏的慾望，又會怎樣呢？假如問題的其中一個主要源頭，是我們浸淫其中的文化本身，以及塑造和決定文化的經濟和政治體系，又會怎樣呢？

我們要歸功於拔摩島的約翰，他處理了物質主義問題的個人和文化層面。我們會先看看啟示錄二至三章，約翰在那裏先後處理了屬靈和屬物質的問題。接著，我們會討論啟示錄十七章，他在那裏預告了與超級強權羅馬同寢，並將在她傾覆時與她一同傾倒和沉淪的貪婪商人將要面臨的審判。

啟示錄二至三章：靈裏富足和物質上貧窮，靈裏貧窮和物質上富足

約翰是個先知，因此，難怪即使約翰使用了書信體和修辭手法，在啟示錄二至三章給七所教會的信中，還是呈現了先知著作

的特色。在這些給教會的神諭中，明顯有著鮮明的先知著作特色。約翰給每所教會的信息都包含了同一種先知著作公式：(1)開首的宣召；(2)中間/核心部分；(3)雙重結語，包括呼籲人的警誡，以及有關勝過逆境的言論。

留意這裏有一個引文公式：每一次，被高舉的基督說完話後，都有「這樣說」(*tade legei*；編按：《新漢語譯本》)；在這之後的核心/中間的「我知道」部分，每段內容都因應各教會的情況而有所不同。這些預言核心部分的勸勉性質十分明顯，而常見的強烈否定語氣提醒著我們，類似約翰的基督徒先知和先見，認為自己扮演著類似舊約先知的角色。他們是基督徒踐行和基督信仰的捍衛者和保護者，也可以說是代表上帝之約的檢控官，只是在這裏，他們是為了新約發言。我們可以推測，這些教會當中必定十分缺乏領袖，以致需要約翰先知般的介入。先知和先見可以被視為危機介入專家，尤其是在權力真空期或領袖真空期。

務要打從開始就留意，約翰要我們明白，提出這些勸勉和命令的，是被高舉的基督，而不只是拔摩島的約翰。因此，當我們傾向稱這些內容為拔摩島的約翰的教導時，他會告訴我們，他只是在已經高升的基督透過使者在異象中傳遞信息給他時，說「阿們」。

啟示錄二章 9 節指出，士每拿教會(士每拿就是今天土耳其的伊茲密爾〔Izmir〕)因著物質上的貧窮而受苦；然而，這教會在**靈裏**是富足的(這與之後對老底嘉教會的評論完全相反)。士每拿基督徒的貧窮，很可能源於他們拒絕參與同業公會，以致很多工作都把他們拒於門外。同業公會某程度上等於古代的工會，如要參與某些貿易，就必須是工會的一員。基督徒遇到的問題是：參與同業公會，就必須參與不同的異教儀式。士每拿是那個地區第二個擁戴帝國崇拜的城市，[1]人們的公民美德，透過參與這個崇拜儀式（包括不同種類的帝皇崇拜，甚至是向帝皇獻祭）展示。同業公會是參與這些儀式的主要公民機構。必須緊記，帝皇多米田（Emperor Domitian）命令人稱他為 *Deus et Dominus Noster*，意思是「我們的主和我們的神」。留意，約翰似乎責怪某些士每拿的猶太人，他們令那個城市的基督徒陷入困境。無論困境的來源是甚麼，結果是一些基督徒正面對物質上（雖然不是靈性上）的貧窮。

當然，關於靈命成長和物質富足兩者之間的關係，有很多爭論。或許最顯而易見的，是窮人並沒有活在「物質財富可以為他們帶來安全感」的錯覺中。假如他們都是敬虔人，他們就知道自己需要外來的幫助，確切來說，是需要上帝的幫助。同樣，當人被奪去一切屬世之物，或所有儲備，大部分人都會認為自己陷入危機，並轉向他們信靠的任何救助源頭。危機（包括經濟危機）事實上可以增強人對上帝的信心和依靠。因此，雖然這可能令一些成功福音宣揚者感到驚訝，但是貧窮真的可以有助於人的祈禱和靈命成長，或至少在一段時間之內，我們可以視之為從上帝而來的福分，引導人進到全能者的懷抱裏。同理，物質上的成就可以是從黑暗者而來的試探，為了毀滅人的靈魂。拔摩島的約翰知道這一點，他在啟示錄三章 14 至 22 節更直接地說明這一點。現在就讓我們看看那段經文。

給老底嘉教會的信或許是給七所教會的信中最廣為人知的，因為這裏有一個意象——基督「探訪」離開真道的教會的意象。老底嘉是個富裕的城鎮，有知名的醫學院和數之不盡的銀行。最近的考古發現顯示，這城有著柱廊街道、龐大的劇院與運動場。它與希拉波利斯（Hierapolis）只相距六英里，是富人昔日前去（現在也仍然前去）浸溫泉休息、抖擻精神的地方。雖然老底嘉教會的基督徒在物質上很富足，但是這所教會完全沒有得到任何讚賞（約翰提到的另外六所教會都有）。經文提到老底嘉的基督徒誇口他們的富裕，一樣都不缺。這導致自滿和靈裏貧窮。

經文責備老底嘉人不冷不熱，對基督而言，這是不可接受的（編按：參 16 節「我必從我口中把你吐出去」）。他們在汲汲追求物質上的成就和滿足的過程中，完全失去了真正的自知之明。老底嘉人的靈性已經破產，赤身露體，**他們竟不知道**。他們無法自救。基督親自來到，施行「醫治」，這是如今惟一可以幫助他們的。在這裏，我們來到富裕的西方基督徒其中一個主要問題的核心：有太多時候，我們並未察覺到成功會對我們的靈命帶來危險。惟一的好消息，是基督呼籲這所教會悔改，揭示了她還有一點希望。但是，教會中的每個人必須轉離奢侈和毫無節制的生活方式，回應悔改的呼召。

約翰往往使用諷刺和對比來指出某所教會面對的困難，而給老底嘉教會的信也不例外。我們可能會以為，物質上的成就能給人帶來時間和機會，使人更加專注於靈命；但是，老底嘉的情況並不是這樣。有地位的基督徒沉溺於文化的主流，成為肆意揮霍的人，並沒有察覺到他們不單押上自己的靈命，事實上也陷入丟棄自己永恆生命的危險中。

我們可能會認為，身為美國人，我們不會有這些問題，因為我們政教分離；相反，那個世界的宗教和政治、靈性和物質實在（material reality），則是混在一起。但事實上，當論到財富和成就，我們文化裏的靈性和物質的二分狀態，早已叫人看不見聖經發出的警告。它已經使人無法把靈性和物質連起來，並自我辯解説成功必定是上帝賜福的記號。基督徒與我們周遭的文化一樣，早已察覺不到物質主義潛移默化的影響。假如我們想看看貪婪和無止境地追求財富和成功的最終下場，我們並不需要讀名著《織工馬南傳》(*Silas Marner*) 或聽其他民間故事，我們只需要詳讀啟示錄十七至十八章，那裏論及羅馬帝國和為了經濟利益攀附羅馬帝國者的傾覆。(我也要在這裏強調，約翰並不是惟一提出這些觀念的人；我們早已在耶穌和雅各的教導裏看到這些觀念。)

啟示錄十七至十八章：淫婦和她的衣櫥

卡利比爾 (J. Nelson Kraybill) 對羅馬經濟與啟示錄的詳細研究功不可沒，他論證出：經濟困境與一世紀末的基督徒試圖對抗當時風行的拜偶像潮流文化 (尤其是帝皇崇拜) 有密不可分的關係。[2] 約翰透過兩個城市 (羅馬和新耶路撒冷) 的故事，警告歸信者在經濟上與帝皇和帝國同寢會有甚麼危險。他呈現了一個修辭上的對比，幫助聽眾擺脱帝皇崇拜的拜偶像經濟，得到釋放。約翰的對比十分鮮明：一個美麗、耀眼的新婦 (新耶路撒冷) 和一個配戴過多珠寶的淫婦 (羅馬)。其描述的重點是要鼓勵聽眾拒絕惡行，追求美德。而在這裏，美德包括不再使用不道德、不敬虔的營商手法。

約翰像一個對市場衰退的預測異常準確的華爾街分析員，他預言羅馬及其經濟盟友的迅速傾覆。與我們這個時代的假設不同，約翰視經濟衰退為上帝審判的直接結果。事實上，這是上帝審判羅馬必不可少的一部分。

引言令人留下深刻印象。約翰在啟示錄十七章 1 至 2 節描述了一個坐在眾水上的大淫婦，地中海世界的城市與她行淫。一個由羅馬統治、涵蓋多個國家的帝國吸引了來自不同國家、不同城市的商人。約翰藉著行淫與醉酒的意象，強調這個帝國的城市及其文化對弱勢城市和人士的不良影響。假如人接受羅馬的資助，成為她的奴隸（或成為阿諛奉承的受恩庇者），就會在這首母艦下沉時與之一同沉沒。

或許這裏最使人不安的，是約翰指控受恩庇者崇拜的是羅馬本身，而她無疑偽裝成羅馬女神（Roma；見於城市的宗教標記）的模樣出現。無論任何時候，有人無條件和不容置疑地擁護某一國家，就是在拜偶像。約翰指控這些商人為了利潤和成功，出賣他們的靈魂。約翰如此誇張地描繪羅馬，是要除去這個城市及其公民宗教的神話色彩，幫助聽眾對抗帝國崇拜的影響。

約翰說邪惡是個謎。這麼強大、這麼有力、在某方面這麼成功、這麼富裕或美麗的東西，怎麼可以這麼邪惡，以致毀滅靈魂？假如上帝不是在那一方，這怎麼可能發生？羅馬帝國就像不同的現代帝國，相信愈大愈好、愈是令人留下深刻印象的就愈重要，以及「成就」會解決所有問題。她犯下了重大的錯誤，就是將社會經濟體系與政治宗教體系結合，這說白了就是「一站式交易」：敬拜皇帝、尊重帝國，就會得到有利的貿易協議，得以富足。這很簡單，也很邪惡，是一種拜偶像的行為。

但是，約翰並不是在憑空攻擊遙遠的假想敵羅馬。在他撰寫啟示錄時，他正因為自己在亞細亞所說的一些話和所做的一些事情被放逐。無論那是甚麼，都肯定包括批評當地有地位的權貴為了長壽、富足而對皇帝和帝國阿諛奉承。他似乎批評了當地的居民，而不單是他們的長官。他為自己在當地惹了不少麻煩，以致被放逐到拔摩島。

啟示錄十八章展示的修辭力度引人注目，使任何為了利益和成就出賣靈魂（尤其是透過與政府協議）的人毛骨悚然。原來，不單是世上的君王，連商人、船長、水手都坐上了羅馬這條船。在約翰的異象裏，他們全都會與她一同下沉。這一整章都在強調這個傾覆是突如其來、出人意外的。

但是，讓我清楚指出約翰到底在說甚麼。約翰並不反對商業本身；他叫他的聽眾「從那城出來」（啟十八 4），意思是警告聽眾，要切斷或避免經濟上的牽連（「獸」指的是帝國，而"666"先生是指皇帝，在這裏即多米田）。因為若非這樣，人就會陷於直接拜偶像和作道德妥協，這涉及與皇帝（雖然他並不是上帝，也並不顯得神聖）締結不聖潔的聯盟。[3]我要強調，這裏的批評並非只是針對虛假的宗教或普遍的不道德情況，而是更明確地批評貪婪和物質主義——如果要追求這個世界的美好東西，貪婪和物質主義是錯誤的方向。

注意十八章 3 節的指控：商人因著羅馬強權的奢華發了財，他們繼而依賴羅馬對奢華的慾望來維持現狀。貪婪是問題的根源，而貪婪是新約聖經最常斥責的罪惡之一。這份又長、又仔細的入口貨物名單要說明羅馬這座大城是多麼敗壞，她的權貴是多麼沉溺於貪婪。約翰斥責這樣的生活導向。珠寶、珍珠、黃金、象牙**並不是**真正美好生活的必需品，它們只是奢侈品，也終歸是奢侈品。約翰在這裏斥責的頗為明確是奢華，他反對人渴慕奢華，指出就算人最初有好的宗教，渴慕奢華也會導致人在道德上妥協，也就是「失去他們的宗教」。這一點把我們帶到關於奴隸制的問題。

在約翰執筆之時，羅馬帝國可能有六千萬名奴隸（大約是人口的三分一到一半）。奴隸為富人工作，並不會獲得當得的薪酬。他們在妓院工作，並在劇院和競技場上表演。奴隸甚至會教育主人的兒女，有時候會打理主人的生意等等。我們不應該錯誤地以為這只是農耕社會的奴隸制度，或所有奴隸都沒有讀寫能力、是貧窮的。當時大部分奴隸都是羅馬軍隊四出侵略時擄獲的俘虜。這些落到拍賣場上的俘虜，往往包括受過良好教育和有地位的人。只要不幸地生活在被羅馬侵佔的地方，幾乎所有人（無論是富有的還是受過教育的）都有可能成為羅馬人的奴隸。

當然，羅馬世界的情況也有些層面不可與今天的西方直接類比，但是我們會立時想到這類似於聘用非法居留者，以低薪支付他們做卑微、沒人願意做的工作。[4]又或者我們會想到美國的公司轉而在中國，或其他有廉價勞工的國家生產商品。事實上，這個現代發展有兩個最終極的成因：西方貪求廉價的商品，甚至不惜以迫使本國企業結束本地產業為代價；永無止境地貪求更多、更高的利潤。這就是約翰生動描述的靈魂的疾患，它存在於羅馬及其盟友當中，也存在於我們的文化當中，它的名字是貪婪——貪求成功、財富、奢華。

結論

總括來說，我們可以說約翰的批評同時適用於個人和社會整體。他並非只想指出基督徒的生命和屬靈本質敗壞的內在和個人成因；縱然當他以此為焦點，宣告財富和物質主義可以摧毀基督徒的生命時，並沒有含糊其辭。約翰並非因為輔導個別基督徒，要他們脫離當時的文化以及同時代人的物質主義價值觀而被放逐。

很有可能的是，正正是我們在啟示錄十七至十八章看到的批評為約翰帶來麻煩。約翰同時批評引致靈性問題的微觀和宏觀因素。他那「從那城出來」的呼籲，並非單單指戒除物質主義和貪婪，而是不再用舊有的方式和態度生活，並面對可能因在商業活動上踐行基督教倫理而來的挑戰。

罪惡並非只是個人和私人問題，而是交織在墮落世界的基本結構及其所有體制當中，無論那是政治、經濟還是宗教制度。約翰知道這一點，而他已經準備好從上至下批評罪惡——從坐著皇帝的羅馬七重山的高處，直到那稱為貪婪的慾望、名為物質主義的病毒所居住的人心深處。我懷疑約翰會同樣強烈和嚴厲地批評我們的世界。約翰豈會看不見在我們的世界，富足的西方基督徒的成功乃是建基在近似奴隸的工人身上，或建基在犧牲鄰國的利益上，或建基在見不得人的營商手法上？他豈會看不見人們美化了名人和富人的生活方式，並稱之為美好的生活？

看過新約聖經論到金錢和成功的經文後，現在是時候看看整體評論——關於新約聖經的論據和它的舊約聖經背景這兩者所論證的要旨及其重要性。我們今天應該到底怎樣思考金錢、財富、貧窮、工作、牧者的薪酬，以及相關事項？假如新約聖經的作者今天可以直接對我們說話，他們會對我們說甚麼呢？

9 金錢、管家、施予：一個新約神學論述

當你不再對金錢、讚賞或名聲感興趣時，你已經到達成功的巔峯了。

沃爾夫（Thomas Wolfe）

金錢和肥料一樣；它沒有甚麼價值，除非它被撒在各處，有助幼小的東西生長。

懷爾德（Thornton Wilder）

惠勒在她出色的研究——有關財物、施予、金錢、財富的神學形成之過程——中指出，務要注意整個新約聖經正典，考慮到它的多樣性。我們需要一個整全進路的其中一個重要原因，是因為假如我們嘗試把具有明確語境的指令普遍化，就很快會使之與其他同樣重要的新約聖經命令互相矛盾。舉例來說，試想有人把路加福音十二章33節（「你們要變賣所有的賙濟人」）加諸在所有基督徒身上，要他們在每種情況都必須按照字面意思跟隨，之後又要他們踐行「不可忘記……接待客旅」（來十三2）的命令；但是，假如人沒有家或財物，又怎樣接待他人？[1]換言之，一個正典式的進路主張的是，我們評估論據時，必須取得平衡，不要把那些給生活在某個獨特處境和地方的人的呼籲或要求普遍化。

惠勒也正確地主張，新約聖經裏大部分有關金錢和財富的討論，其定位都延續著舊約聖經對這個課題的前設：首先，上帝是萬有的創造者和物主；第二，上帝的受造物並不是物質的東西之物主（雖然在某種意義上人要為之工作、賺取它們），只是管家；第三，我們在舊約聖經看見人類是墮落的，正在與類似貪婪的東西進行內心爭戰，我們不可小看這一點；最後，根據聖經論及財富的無數警告（再三連於拜偶像和背道），信徒必須謹慎，要小心翼翼地處理金錢和財物的相關事宜。

因此，怪不得以賽亞預言錫安女子的奢華和驕傲，不僅會引致自滿和靈性敗壞，也會引致她們的滅亡（賽三16～24）。我們也可以看看阿摩司，他生動地批評那些遊手好閒的富人，並警告他們將會首先被擄（摩六4～7）；我們還可以看看上帝自己，祂控訴：當祂以富足賜福以色列時，她變得叛逆，且拜偶像，「忘記產你的上帝」（申三十二 10～18）。

富裕的現代基督徒如果漠視這些警告，會為自己帶來危險，因為我們對於財富和成功的墮落態度，與那些古代以色列人並沒有分別。這些經文正要提醒我們，不可單單專注於某些經文，就是那些指財富是從上帝而來，是給良善、誠實工人的賞賜和福分的新舊約經文。我們必須默想正典的整全見證。以下是大部分問題所在：當我們處理箴言某些章節時，既把它抽離正典餘下部分的教導，又不理解箴言和格言適用於哪些處境，這樣，我們不單錯誤地把一部分當作全部，甚至破壞了那一部分的特色——有時候物質的東西是上帝的賜福，並且是給良善、誠實工人的賞賜。

再者，當我們來到新約聖經，關於財富是潛在的靈裏絆腳石的警告愈來愈強烈。讓我再說一遍：面對「健康與財富的福音」（health-and-wealth gospel）的前設，新約聖經比舊約聖經更嚴詞斥責。[2]新約聖經強調人不要把財寶積攢在地上，並主張貪愛錢財是所有罪惡類型的根源。因此，「你們要先求……這些東西都要加給你們了」這經文最多只是鼓勵信徒要依靠上帝供應他們的基本需要，而不是依靠他們的經紀（徒四 34；太六 33；路六 31；林後九 10～11）。

這些經文再次保證上帝可以，並會供應祂的子民所需，好讓他們保持順服；雖然毫無疑問，他們也會有面對試煉的時候。我們也再三留意到，當聖經真的提到上帝以物質上的富裕賜福人，經文往往會說上帝為了義人這樣做，即那些很可能會以美善、敬虔的方式使用這些資源的人。對於其他被自己錯誤的慾望和貪婪主導的人來說，富裕更似是試探和網羅，而不是福分。無論如何，新約聖經清楚指出，基督徒生命的目標並不是成就或富裕，而是敬虔和知足。保羅稱之為「大利」。

新約聖經的教導有其平衡的一面。雖然很多教父都持不同的意見，但是新約聖經並沒有勸誡我們所有人都要奉行禁慾主義，也不主張物質上的貧窮必定比富裕更加屬靈，雖然對窮人來說，影響他們與上帝的健康關係的物質障礙和絆腳石，明顯較少。惠勒如下的歸納對我們很有幫助：

> 雖然(在新約聖經裏)物質財富不再是出自富人的德行，或不再是上帝認可的記號，但它也不是出自魔鬼。新約聖經中並沒有純粹的禁慾主義——反對物質現實，視之為本質上邪惡的事物(有別於諾斯底思想)，也沒有透過抽離身體的實存，論及一位神祕的上帝。聖經一一陳明擁有權所隱含的危險，就是分心和糾紛，以及把信靠和忠心寄託在錯誤的事物上；但聖經沒有叫人反對物質的東西。門徒可能得到指示去變賣他們的財物，並把它們施予窮人；但是他們從沒有得到指示就這樣棄掉它們。作為供應人類需要的資源，財富必定有其必要性和美善之處。就如我們已經看到，斥責貪婪是拜偶像的書信裏，也有要人為自己和家人供應所需的命令。[3]

我們可以在這最後一點加上：書信裏還強調牧者有權利就其努力獲得薪酬，並且得到他們所服事的人的資助。工人當得他們的工價，這個原則某程度上是「讓那些不工作的人不得飯吃」的反面。工作是有價值的，也理應得到薪酬，除非工人選擇白白作工。在新約聖經裏，這對牧者或任何基督徒而言都是真確的。

雖然大部分新約聖經書卷在論到財富和犧牲時，都強調個人問題和個人責任；然而，我們在前一章看到，啟示錄的作者開始把我們推向思想體系之罪惡的方向，就著我們身處其中的社會經濟結構，他提出一些尖銳、沉重的問題。惠勒清晰且適當地道出了一些我們應該提出的關於公義的問題（另參〈附錄 2：金錢的使用——約翰．衛斯理的講章〉）。

惠勒主張我們要問好些問題。第一，現代基督徒的財富，在多大程度上是強制、剝削，以及不道德的勞工雇用、管理或推銷的產物？第二，我們在物質上的成功或它的增長，在多大程度上依賴和助長社會和世界上不義的結構和體制？第三，我們真的可以辯說我們所做的，是有道德、為人類的美善作出貢獻的事情，並且符合愛鄰舍，甚至是敵人，以及服事他們的命令嗎？第四，我們是否不必要地緊抓著可以用來紓解窮人和有需要人士苦況的資產？我們是否能辯說，我們所得的好處和所擔當的擔子是公平、公義的？第五，較富裕的基督徒怎樣運用他們的社會權力？他們是否利用它來營造不公平的優勢或權利，為自己取得更多資源和財富？[4]在這些問題之外，我們還應該加上：一個富裕的基督徒，在多大程度上會聽到要捨棄財產的呼召，甚至是要簡化生活方式，施予更多給有需要的人的呼召？成功福音其中一個問題是，它除去了炫耀性消費者任何殘存的罪惡感，並且加劇了「對窮人的呼聲充耳不聞」的靈裏耳聾。它准許人忽略這些腦中使人不安的聲音，或准許人不把窮人當一回事，將其處境歸咎於後者自己的錯誤選擇、懶惰等。

在詳盡地分析了聖經中所有關於財物和財富的段落後，布倫姆伯格下了一個非常謹慎和甚有貢獻的結論——尤其是對於新約聖經就這個問題的教導。他正確地指出，物質上的貧窮本身從來都沒有被視為好的；同理，物質上的財富**可以**被視為來自上帝的美好禮物，為了供應其他人的需要。問題是全人類——無一例外——都是墮落的受造物，墮落的真正成因是自我中心，這繼而引致無止境的自以為義、把自己的行為合理化，尤其是在使用我們所謂的可支配收入的時候。這正是為甚麼一樣好東西——物質上的財富——可以同時成為人心轉離上帝的途徑。[5]

頗為真確的是，不論人心有沒有在人宣稱成為基督徒的時候被轉化，人怎樣處理金錢，都揭示了他的心在哪裏。就如布倫姆伯格指出，富有但敬虔的族長（patriarchs；編按：如亞伯拉罕，參布倫姆伯格《不貧窮也不富足》〔*Neither Poverty nor Riches*〕一書）全都被描繪為慷慨地與有需要的人分享自己所有的。他們的靈性連於他們的慷慨，這話很有道理。一個真正信靠上帝的人，比較容易放棄物質的東西，變得更慷慨、樂於助人。假如「我們信靠上帝」（in God we trust）並非只是一句刻在錢幣上的銘辭，那麼它的意思就是，我們最終信靠的並不是銀行戶口，我們相信的是上帝在將來和現在，都會幫助我們，因此我們並不需要緊緊抓著我們的財物。一些族長在變得富裕的時候，似乎至少知道這一點。

布倫姆伯格繼續強調，新約聖經**不容許**極端的貧富懸殊，雖然我們難以量化貧富懸殊。[6]這個結論承接他另一個結論——聖經事實上表示一切要適可而止，雖然在某些特別的情況下，聖經往往也會鼓勵和命令某種極端的犧牲。布倫姆伯格參考箴言三十章 8 節（「使我也不貧窮也不富足」）為自己的書取名為《不貧窮也不富足》。他把上帝每天為飄流曠野的以色列人供應嗎哪，理解為上帝對「足夠」或適可而止的原則的認可。這可能是對的。保羅在勸勉哥林多人要為耶路撒冷的貧窮聖徒收集捐獻時，提到這個故事，絕非巧合。

或許我們應該在這裏再次重申新約聖經對於教會「收集捐獻」一事有甚麼建議。保羅在哥林多後書八至九章呼籲哥林多人的內容值得我們細看，但是我們應該首先留意，保羅無意在這幾章提倡普遍的慷慨。他心裏有一些原則：第一，人應當照著他們所有的施予（林後八 11）；第二，就如保羅所說，這裏的目標「不是要別人輕省，你們受累，乃要均平，就是要你們的富餘，現在可以補他們的不足，使他們的富餘，將來也可以補你們的不足，這就均平了」（13 ～ 14 節）。在這裏，保羅引述了出埃及記十六章 15 節。

然而，在基督的身體裏均平或平等到底是甚麼意思？保羅假設慣有的恩庇制度將會繼續，有一些基督徒擁有較多財物，另一些擁有較少財物。他向信徒呼籲慷慨解囊的基督教原則，卻不主張愚昧的奉獻。他建議要「照著人所有的」去施予。這裏的均平，可能只是我們在使徒行傳二章看到的情況的另一種表達，那裏說沒有人有所缺欠。因此，施予的原則是照著人所有的施予，各人也按著他們的需要領受。一方面，保羅明顯嘗試透過提及馬其頓的基督徒，令哥林多人自慚形穢，迫使他們採取行動。馬其頓的基督徒雖然十分貧窮，卻仍然為窮人收集捐獻。他們不單照著他們的能力施予，甚至超過了他們的能力。事實上，他們要求成為這筆捐獻的捐助人，他們想分擔保羅服事耶路撒冷的聖徒的事工。另一方面，保羅說他並不認同一些人要受累，其他人卻可以輕省。

在這個關於為聖徒收集捐獻的討論中(林後八9),我們看到耶穌的虛己不單是成為人的樣式,甚至成為物質上貧窮的人,好叫祂的跟隨者在靈性上得到富足。這個提醒並不是要哥林多人像耶穌一樣貧窮,而是要他們像耶穌一樣作出犧牲,擁有一顆慷慨的心,真正地關注均平。在這裏,保羅勸誡信徒要在基督的教會兩個截然不同的部分之間建立互惠關係,因為耶路撒冷教會那時需要物質上的幫助。但是,保羅預計有一天當哥林多教會有需要時,耶路撒冷教會可以幫助他們。

哥林多後書八章11節下的片語「照你們所有的去辦成」十分重要。保羅並非要求哥林多人借貸,以便提供幫助。數目也不是重要的問題。他説的是,假如有熱心和真誠的態度,那麼任何數目的捐獻都是可接受的。在這裏,他無疑是在鼓勵一些不那麼富裕的基督徒捐獻,不用為了他們只能施予很少而感到羞愧。在一個講究榮辱的文化裏,羞愧往往阻礙了那些不那麼富裕的人施予。在哥林多後書九章7節,保羅強調每個人都應該在自己心裏決定要施予多少,而不是勉強施予,因為上帝喜悦捐得樂意的人。保羅也主張,這樣的施予——他説這就像撒種——會帶來相應的收穫,少種的少收。

保羅在這裏的建議與亞里士多德(Aristotle)的説法十分接近:「我們應該以人的資本為基礎來評估一個人是否慷慨——並非看他施予的多寡,而是看他是否根據自己擁有多少資本,按比例作出相應的施予」。[7] *Isotēs*(平等;編按:即上文提及的「均平」)一詞在這裏十分重要。對亞里士多德來説,它的意思是,當一種不涉及社會地位平等的互惠關係建立起來時,它所謂的

「平等」，意味著恩庇者得到更多稱讚和尊榮，而受恩庇者則得到所需要的東西和資金。

保羅當然相信所有人都有著上帝的形象，是平等的受造物（這是亞里士多德會拒絕的，尤其是論到奴隸的時候），而所有在基督裏的人，都是新造的人，得蒙救贖，成為聖潔。保羅在哥林多後書八章討論的均平，雖然或許是基於這樣的神學假設，然而在某程度上，他的討論的確涉及經濟的均平。哥林多人從耶路撒冷教會和類似保羅這樣的人所留下來的屬靈遺產獲益良多，他們可以透過向饑荒中的聖徒施予金錢來報答這些前人。出埃及記十六章 18 節的引文清楚說明了保羅對於均平的理解：在基督徒羣體中沒有人有所缺乏。就如我們早已在加拉太書六章看到，保羅強烈主張信仰家庭應照顧自己人，而這涉及一個稱為上帝的 *ekklēsia*（教會）的跨國族實體（transnational entity），而不只是一所本地堂會。

哥林多後書九章繼續這個討論，使這個教導更立體。保羅（在九章 6 至 11 節）開始宣講：當上帝以物質賜福人，往往是為了要他們成為別人的祝福。在九章 8 節，他明確談到「足夠」（enough）的原則。他祈求聽眾凡事常常充足，以致不用依賴別人。這裏的希臘文詞彙（*autarkeia*）可以理解為獨立，但是保羅所說的，是某種經濟上的獨立，是一種能夠慷慨施予別人的充足。

保羅渴望的是哥林多人得以脫離想望，不再為生命所需而惴惴不安。他祈求他們凡事足夠，以致可以得到「義的收成」，即他們能夠因著慷慨解囊，成為其他有需要的信徒的祝福。**義**在這裏幾乎等於慷慨的同義詞，因此，哥林多後書八至九章再次證明我們怎樣處理剩餘金錢，會揭示我們真正的品格。此外，施予還有一個益處，就是那些領受哥林多人施予的人，會將感恩和讚美歸於上帝。因此，這樣施予的最終結果，就是在世人面前，為上帝作美好的見證，更多基督徒因此而讚美上帝。

在關於收集捐獻的討論中，必不可忽略這一點：雖然保羅明顯沒有主張任何種類的共產主義（communism），但是很明顯，他主張羣體主義（community-ism）或公社主義（communalism）。我的意思是，他相信基督徒羣體必不可容讓她的成員有所缺乏。保羅視之為責任，不單在某一所教會之內要彼此承擔，普世教會的不同羣體也要彼此承擔。基督徒應該照顧自己人。保羅並沒有主張恩庇者要停止資助，他也沒有説「均平」即要所有人都有完全相同的質素和數量的物質資源。他的論點比這更加精明。他對建立互惠網絡甚有興趣——尤其是在耶路撒冷教會面對經濟困難的時候——以致其他有能力提供幫助的教會，都可以照顧某所教會的需要。也要留意，這裏也強調不要為了紓解領受者的困境，而加重施予者的擔子，產生更多問題。

保羅也強調每個基督徒應按著各人樂意和慷慨的心自由施予。保羅相信這樣的施予不會不得賞賜，雖然賞賜往往可能不是金錢。必須強調，當保羅説「少種的少收」時，他並非在發表一個經濟理論。這裏的討論涉及靈性和物質的東西，兩者密不可分。把這番話抽離上下文，並假設它的意思是施予巨額金錢的基督徒必定會得到巨額**金錢**回報，是極大的錯誤——耶穌的榜樣（見於從林後八9開始的討論）斷然否定了這個結論。擁有天上所有財富的耶穌付出一切，成為窮人，並沒有得到巨額金錢回報；相反，祂使其他人得到巨大的靈性上的財富。這是一個真正不計回報地施予的例子。

物質上的施予**可能**會得到不同類型的靈性上的賞賜作補償。而耶路撒冷教會靈性上的施予，至少使外邦教會在他們遇上饑荒、有需要時在物質上照顧他們。這是保羅在這裏所指的均平的其中一方面。

同樣，當耶穌應許彼得，國度中將有很多房子和弟兄時，我們必須留意，耶穌是指末後的日子，關乎世代的終結。那時候，祂的跟隨者將要合而為一，像一個家庭般一同分享。祂主要論及的，並非此時此地的回報。即使有些時候，耶穌部分指向此時此地的經濟賞賜，祂也不是指某種巫術經濟（voodoo economics），或必然賜福的原則。耶穌指向的，是在此時此刻，祂的門徒彼此照顧的事實，正如保羅之後所說的。在哥林多後書八至九章中，保羅可能指向從天上來的嗎哪，但是他並沒有期望幫助會從天上掉下來，臨在耶路撒冷教會。祂期望歸信者藉著收集捐獻去解決問題！哥林多人被要求成為耶路撒冷教會祈求幫助的答案。

諷刺的是，保羅真正詳盡地討論到金錢之時，是在他討論牧者有權利得到薪酬之時、是在他為一所非他建立的教會中有需要的人收集特別捐獻之時，或是在他忙於警告提摩太和其他人要成為正當的牧者、不要為了金錢事奉之時。保羅從未提及為本地教會收集每週捐獻。他只是假設他們知道，因為他們是在基督裏的弟兄姊妹，因此要在「行善，向信徒一家的人更當這樣」的原則下照顧自己人。

布倫姆伯格有關財物和財富的討論有一個重大的缺憾，他沒有真正討論到經濟體系的罪惡，例如以奴隸式工人為基礎的經濟。雖然保羅在某些情況下不反對恩庇制度和互惠制度，他卻對奴隸制度頗有微言。他並不希望歸信者成為奴隸。保羅認為奴隸制度違反了「在基督裏的弟兄姊妹有手足之情」的原則，這正是為甚麼他努力説服腓利門要接納阿尼西謀，因為後者「不再是奴僕，乃是親愛的兄弟」。[8]保羅的確在有時間、有機會時，致力追求在基督的身體裏人人平等。而正如我們之前所強調過的，這在基督裏的平等，暗示了——至少在最低程度上——要確保沒有基督徒有所缺乏（雅各會對這個進路簡單地説一句「阿們」）。保羅的進路也暗示教會應該「在家裏」解構羅馬經濟的基礎——奴隸制度。

拔摩島的約翰對於為了致富而陷於邪惡經濟體系的危險，發出了比保羅更加嚴厲的警告。他警告人不要為了賺取金錢或利潤，而與邪惡的統治者同寢。他警告人，財富會潛移默化影響人的靈及靈命。他知道弔詭地，窮人比較容易親近上帝，並且不會錯誤地把物質的東西視為人應該信靠的。與雅各一樣（參雅五章），約翰預計富有的商人會有悲慘下場，因為他們掠奪成性，進行見不得人的交易，以及尊崇這個世界的假神，而不是那一位真神。難怪耶穌説駱駝穿過針的眼，比財主進上帝的國還容易呢！

簡而言之，按照新約聖經，每當論到金錢、財富、財物、工作、薪酬等問題時，我們既需要微觀倫理，也需要宏觀倫理。單單成為誠實的人，誠實地賺取金錢並不足夠。我們的商業倫理必須符合基督徒原則。假如人擁有可觀的資產，他必須問一些嚴厲的問題，例如：這些金錢是否從投資邪惡的企業和作出妥協的公司而得？人必須致力擺脱這個世界的運作方式和它習以為常的態度和習俗。

當然，也有一些難題是新約聖經完全沒有提及的。我在想，舉例來說，關於退休一事。聖經中並沒有任何內容鼓勵或肯定我們的退休計劃，除非我們正面臨死亡。為自己和家人儲蓄巨額金錢，以致可以過輕鬆或奢華的生活，不再需要工作，這整個觀念是現代人的觀念，並沒有任何聖經根據。[9]

衛斯理（John Wesley）祈禱說：「主，不要讓我遊手好閒地活著」，他真的有此心意。這並不是說我們應該為了工作而活，因為還有娛樂的時候，也有休息的時候。當人健康時，為了生計工作是正確和正常的；但是，我們要更仔細地思考工作、生活、事奉與基督徒言行之間的關係。假如現在賺取金錢是為了可以在將來過奢華和遊手好閒的生活，這**並不是**一個基督化的動機；假如動機是為了將來更多參與和支持基督教事工，這又是另一回事。

面對新約聖經再三警告我們財富對靈命的敗壞，我們必不可閉口不言。新約聖經整體來講，鼓勵我們要有慷慨的心，它鼓勵我們不要持追逐私利和自我中心的態度，不要為了「不義的瑪門」而活。它鼓勵我們把最終的信靠投放在上帝那裏，並願意透過犧牲的施予去展示那份信靠的心。它鼓勵我們要慎防和有智慧地對待這個世界墮落的經濟和政治體制，並盡力擺脱那些不道德的行為。新約聖經鼓勵我們要持守「足夠的神學」（theology of enough），即按著敬虔和知足的原則生活，這會使人獲得大利，是無法用金錢衡量的。新約聖經鼓勵我們去解構和擺脱對成就、成功、財富的熱烈追求。人多次被警告，貪婪是一股毀滅靈魂的力量。基督徒生命的目標並不是成功，甚或快樂；而是敬虔和聖潔，全心全意愛上帝和鄰舍。

留意，耶穌重申的大誡命基本上是一個強烈的呼籲，叫人從自我中心、自我專注、自我沉溺的生活方式中走出來，並且以生氣勃勃和豐足的愛去愛上帝和他人。當我們那樣做的時候，慷慨就會變得如呼吸般自然，而不是一個人要再三被勸勉的繁重職責。當然，也要留意新約聖經關注我們擔當自己的擔子時，不要成為別人的重擔。遊手好閒的人不應享受別人辛勞的成果。在基督的身體裏，所有人都應工作，並且作好準備，在危難臨到時幫助有需要的人。工作不應該被視為咒詛，而應被視為福分和得到資源的機會，以致人可以成為別人的祝福。

新約聖經並沒有應許，如果人投資金錢在基督的身體，會得到同等回報；又或更好的說法是，無論人為了一個美善的基督教事工或目的付出多少金額，新約聖經都沒有應許人會因此得到同等價值的金錢利益。人的施予應不望回報。但是，新約聖經也應許我們，上帝要以不同的方式賜福那些慷慨施予他人的人。在這個問題上，我們需要仔細思考哥林多後書八至九章的勸勉，因為它們提醒我們，保羅並不鼓勵計算。我的意思是，他並不鼓勵哥林多人假設上帝必然會給予他們更多回報，比他們捐獻給耶路撒冷教會的更多——我們不能從上述經文，或任何新約聖經經文，得出這個結論。當耶穌以肉身這物質形式為我們獻上祂自己的生命，並在十字架上作出完全和最後的犧牲，這為我們帶來靈性上的好處。有時候，在物質上慷慨解囊，其賞賜純粹是靈性上的，而在國度的藍圖裏，能正確地看待那些賞賜，事實上是更加難能可貴和有價值的。

新約聖經持續不斷地問：我們有沒有數算作門徒、背起我們的十字架跟隨耶穌的代價？換言之，新約聖經在問：論到金錢、財物、財富、事奉、薪酬、工作，我們有沒有堅持國度的原則？假如我們沒有這樣做，或做得並不足夠，那麼我們要繼續努力。在最後一章，我們會討論怎樣使自己脫離一種會扼殺人靈命的生活方式——炫耀性消費的生活方式。

脫離炫耀性消費和自我滿足的生活方式

假如黃金會生鏽，那麼鐵又如何？

喬叟（Geoffrey Chaucer；對比神職人員與平信徒兩者的榜樣和道德品格）

當那是錢的問題時，每個人都有一樣的宗教。

伏爾泰（Voltaire）

當我還在神學院讀書時，一本既重要又富爭議的著作出版了。那是塞德（Ron Sider）的《饑餓世代的富有基督徒》（*Rich Christians in an Age of Hunger*），這書依然適用於今天。我清楚記得，北美基督徒對於簡化生活、脱離時刻消費的文化，並委身於有意義的窮人服事的呼籲，有很多不同的回應。我十分驚訝人們對這本書的回應，有時候那不只是發自內心的或反覆無常的，而幾乎是激烈暴怒的。塞德擊中了人們的神經——福音派基督教的靈魂深處那條纖細、蒙昧的神經。他向權力説出真相，而權力並不喜歡這樣。繼這本書之後的，是一塊同樣重要的小小瑰寶——費依（Gordon Fee）的《健康與財富福音的弊病》（*The Disease of the Health and Wealth Gospel*）。費依遠在成功福音成為現代最佳銷量產品和電視超級明星的產物之前，早已在那本書中有力地解構了它。經過這本著作的論述，「耶穌是富有的，祂希望你們全都成為富人」的觀念已不復再。

然而，教會有很大部分人並沒有聆聽，也不想聆聽。比起過去，這本書似乎更適用於二十一世紀的今天。最可悲的，是成功福音徹底違背了耶穌對上帝的國到來應有的實況和樣式的異象。耶穌捨棄自己的生命，並且死在十字架上，並不是為了建立「炫耀性消費和向上流動的第一教會」。事實上，耶穌提到最小的、在後的、失喪的要首先進入上帝的國；而在前的、最大的、尋回的正處於無法進入上帝的國的危險裏。因此，論到物質主義和炫耀性消費時，我們要怎樣使自己脱離文化中那誘人的價值觀呢？讓我們以顯而易見的一點開始，並從那裏繼續討論下去。

1. 連去都不要去！

我們不會向一個遇溺的人提供更多水，同樣的原則也可應用在一個於財物中浮沉（或渴望浮沉於財物中）的人身上。新約聖經當然有些經文主張或暗示擁有財物並沒有問題，但是人也需要作好管家。然而，類似「先求他的國……這些東西都要加給你們」的經文會被人斷章取義，假設「這些東西」並不單指必需品，更包括奢侈品。這樣一來，我們就違背了經文的意思——即使是那些暗示擁有財物並不是罪的經文。更重要的是，我們違背了整個新約聖經的教導。那可是截然不同的教導。

新約聖經強調的，並不是去得到東西（用人的敬虔和祈禱，從掌管萬有的上帝那裏，得到想要的東西），而是犧牲和捨棄財產。現代富裕基督徒最需要聽的不是成功福音，而是捨棄財產和捨己的福音。換言之，論到聖經如何看待金錢和成功時，我們不要一開始就鼓勵人們美化文化中的物質主義價值觀，並說它們是好的。

2. 使自己善於辨別必需品和奢侈品

耶穌鼓勵我們祈求日用的飲食，事實上即生活的必需品——食物、居所、衣服、家庭、朋友、工作和生活的能力。在這以外的一切，幾乎都是奢侈品。在我們開始討論這一點時，我鼓勵每個人細讀本書〈附錄 2〉（衞斯理的講章）。一個人的奢侈品是另一個人的必需品，這是真的，它往往視乎人的處境和周圍的環境。我的妻子和我在英國杜倫（Durham）生活時，並不需要電冰箱，因為那裏的氣候頗為溫和。但是，我難以想像居住在新加坡，又沒有電冰箱的生活（或者至少與人共用一個吧）。

假如有人是糖尿病患者，其藥物必須存放在電冰箱裏，那麼電冰箱就是必需品。換言之，我們需要**明辨的能力**和智慧來判斷對某個人而言，甚麼是必需品，甚麼是奢侈品。讓我們看看其他例子。

我是一位老師，沒有書本我就無法工作。事實上，我是一位研究教授，我也寫很多書，而這需要資料。當然，我可以在圖書館或透過圖書館找到很多書，卻不是全部。有一些是從別的圖書館借來的，我無法長期使用。我應該怎樣做呢？很多年前，我下了一個結論：最好的辦法是妥善地建立我自己的圖書館。過去二十五年我都這樣做。我打算有一天把大部分書本捐贈給神學院的圖書館。現在我很感恩我擁有它，並且可以繼續使用它。我的圖書館可能有三千本神學著作。我有過度投資在書本上嗎？怎樣才算足夠？實在難以回答。但是，很感恩，我現在已經到了不用購買很多書本的日子，並且開始捐贈書本。

開始時，我的情況類似醫生需要診斷書籍和參考著作，而它們十分昂貴。我知道假如沒有這個圖書館，我無法成為今天的我這樣的學者。首先，它讓我可以在任何地方工作。我可以在孩子還小的時候在家裏工作；我可以在安息假期時整理行裝，帶著我的書本到廷巴克圖（Timbuktu）。我現在已經到了要決定是否有理由買一本書，而不是是否有理由不買的階段；這正是我應該經歷的明辨過程——當我嘗試簡化我的生活，並持續對抗文化的同化，從而脫離社會主導的非基督教價值觀。這並非易事，但是我們全都蒙召進入世界，卻不屬於世界。

保羅這樣宣佈：從今天起，我們應該活得「要像不是」（as if not；林前七章）。他的意思是，我們活著，應該有意識地脫離這個世界所有體制和「模式」。我頗為認同這一點。我們生活在基督兩次降臨之間，這代表我們早已處於終末的世代，我們應該根據國度的價值觀生活，而不是世界的價值觀。然而，有時候我們實在難以看見分別何在。

論到上帝可能要求我去做某事時，我學會說「永不說永不」。如果耶穌要求祂最初的門徒撇下溫暖舒適的家、妻子與兒女去跟隨祂，祂也可能要求我們任何一個人，在生命中某個時刻作出更大的犧牲。因此，當我們在評估必需品和奢侈品之間的分別時，在說出「上帝不會要求我施予或捨棄某物」之前，我們需要停下來好好想想。

論到要避用的顯眼的奢侈品時，新約聖經有一些明確的指引——昂貴的衣服、昂貴得荒謬的珠寶、耗油量甚高的奢侈房車、甚少或永不使用的龐大房子⋯⋯我們還可以數下去。當然，這些都是易受批評的事物。那麼，基督徒牙醫應該花一百萬在最新的 X 光顯像器材，還是滿足於較落後的科技？他應該不會因為沒有最新款式的設備而失去生意。我們要問的是：我的工作需要它，還是純粹因為擁有它感覺良好呢？

我的建議是，每個基督徒都應該列出其生活必需品清單，繼而列出奢侈品清單。我們需要好好思考，單是這個過程也有莫大益處，因為它促進關於人類的生活方式及其是否敬虔的批判思考。這個明辨和拒絕受文化同化的過程，對靈性的健康十分重要，它釋放我們，使我們能為國度付出更多，並較少專注於自己和自己的家庭。

3. 委身於「需要人有所犧牲」的事工項目

聖經很強調要照顧窮人和貧乏人，似乎很明顯的是，幾乎每個基督徒都要優先考慮參與關懷事工。這樣的參與可以是經濟上的支持、參與宣教隊伍，甚至是搬到另一個地方，以致可以參與這樣的事工。我有兩個學生就刻意搬到肯塔基州萊斯頓市（Lexington）最貧窮的地區，接觸那個羣體。我們整所教會都以各類支持和委身在背後支持他們。參與關懷事工還有另一個益處。當人到肯雅一條沒有水源的村莊去挖井，並到紐奧良（New Orleans）幫助無家者，貧窮就呈現出具體真實的面貌，而窮人也不再是「那些人」（those people）了。接著，我們就難以在沒有罪咎感的情況下，過著名人和富人般的生活。假如罪咎感反映了我們察覺到自己正活於一個自我中心，而不是以上帝為中心的生活裏，這樣的罪咎感是好的。

4. 假如不必再為生計煩腦，就把你餘下的生命委身在事工項目上

退休這詞在世俗領域裏的意思，通常並不適宜拿來形容依然健康的委身基督徒。但是，讓我們看看我兩位朋友做了甚麼。他們居住在德州（Texas）胡特蘭市（Woodlands）。經過多年在石油工業工作後，鮑勃（Bob）儲存了足夠的金錢，決定投資在不同的事工項目上。他的妻子有智慧地使用之前賺取到的金錢，因此能更自由地參與服事，被按立成為牧師，現在有智慧且妥善地服事她的教會。假如有更多像他們那樣的基督徒，少一些類似駕著耗油的露營車、汽車的防撞杠上貼著誇耀的「我在花著我兒女的遺產」貼紙的人就好了！

5. 評估你的預算，尤其是任意花費的金錢

這應該很明顯，但是有些人當發現他們剩餘的金錢很多就這麼浪費掉，而沒有被好好使用時，都驚訝不已。生活在我們的文化裏，一個真實的問題是，有太多刺激因素催促我們消費，以致我們也到了覺得必須這樣做的地步——**即使我們完全不需要那件產品**。我遇過一些基督徒，他們認為購買美國「商品」是一種愛國的表現，是他們的職責，即使那只是件廢物，與生活必需品完全沾不上邊。我們應該做的，是簡化我們的生活方式，確保我們被列在不同類型推銷員的「不要致電」名單上。還有一樣：千萬不要在電話中對這些人作出任何財務上的承諾！

6. 減少你生活中的廢物數量

是的，我是指不同類型的資源回收；除此之外，我們也需要評估有多少食品、衣服等，是沒有緣由地被棄置的。那不應該再發生。不要浪費，不要想望。不要再為廚餘發怨言。人應該根據自己吃得下多少和應該吃多少提取食物。出外吃飯時，假如分量太大，就與人分享，或把它帶回家，之後再吃。就是這樣。

我們要盡快將這些和其他方法付諸行動，成為綠色主義者，這是基督徒的見證，它意味著普遍使用電動車和較小的汽車；意味著盡量使用節能電燈泡和太陽能發電板；意味著假如家裏大部分時間都沒有人，就不要開著空調等等。我們愈來愈需要成為保存者，而不只是消費者。

7. 與聖潔的人而非肆意揮霍的人為伴

心理學家十分清楚人會模仿別人，並且往往會變得像他們所欣賞的人。其中一個簡化我們生活的方法，是停止與鄰居攀比，也不與他們為伴。假如我們不再恆常與珠光寶氣且因為過大的房子、汽車、遊艇、奢華的生活方式而債台高築的人為伴，這樣，嫉妒——它簡單卻帶著誘人影響力、會導致人模仿他人——就沒那麼大的力量。相反，當我們開始與那些簡化了生活方式的人為伴，而我們又尚未那樣做時，我們就會好好嚴格律己。我們會開始發現有需要改變一些事情。

不要再把消費者和競爭心態應用在基督徒的生活方式上。任何文化都由某些心理上的動力推動。在我們的文化裏，兩個最明顯的動力就是消費和競爭。有很多基督徒都對消費或競爭上癮，他們非得去商場，玩一些遊戲或看場球賽，又或他們只是對生活感到厭倦——這是個時髦的詞語，厭倦是那些缺乏想像力（尤其是對基督信仰的想像力）的人的心理狀況。不要從消費的角度評估教會。不要根據**你可以從哪裏得到最多**這種想法來選擇教會，而是根據你可以在哪裏服事得最好。我的意思是，消費心態是自我專注、自我中心的原罪的一種體現；而競爭心態可以破壞友誼和婚姻，尤其是沒有好好調節它的時候。這種具破壞性的競爭最終可以追溯到該隱與亞伯那裏，那明顯是手足之爭。

至於那些想打一場值得打的仗的人，去與毒品、罪惡、色情產品、性交易、性濫交、墮胎爭戰吧！那些想競爭的人，就去競爭成為最好的父母、配偶，或主日學老師吧！我並不是說所有競爭都是壞事。新約聖經也有一些運動比賽的隱喻，問題是，勝利是由甚麼組成的呢？假如我們透過欺詐得到勝利，我們又有沒有贏得任何值得擁有的東西呢？假如它導致我們疏遠基督徒同伴，我們又有沒有贏得任何值得擁有的東西呢？基督徒需要重新定義成功和勝利，或把它放在憐憫、愛鄰舍、餵養羣體等優先處理事項之後，以致它不再一樣。

讓我在這裏舉個例子。我最欣賞的其中一位運動員是格蘭（Darrell Green），他多年來是紅番隊（Redskins；譯註：美國著名美式足球隊）的一流防守球員，身先士卒作眾人的榜樣。他對基督的信心是他生命中最重要的東西，而足球比賽的勝利只是其次。身為基督徒，他致力做到最好，追求完美，盡力做他可以做的，成為他可以成為的，為隊友樹立榜樣。他很有團隊精神。當上帝叫他留在華盛頓，即使他有多個更加有利可圖的機會去其他地方，他還是留下來了。教會和家庭是他的一切，它們在他生命中，比賺取更多金錢佔優先位置。

格蘭留在華盛頓，經歷了紅番隊的興衰，並且在二〇〇八年獲提名列入名人堂（Hall of Fame）。尤其令我驚訝的是，他並非由他的教練提名，而是由他的兒子提名。他兒子不斷說他是一位敬虔的父親、一個偉大的榜樣，而他很想與他的父親一樣。這個例子表明了基督徒價值觀可以怎樣勝過文化價值觀，沒有在誠信上妥協，又能在專業領域發揮到最好。這就是所謂的進入世界，作好見證，卻不屬於世界。在論到生命中甚麼才是真正有價值的東西時，基督徒不單需要好好檢視自己要優先處理的事，也要知道哪些東西是沒有商榷餘地的。得到全世界卻失去生命，並沒有任何益處。

8. 不要假設資本主義並沒有問題

聖經在論到經濟時，並沒有向我們提供共產主義或資本主義的選擇。這既有神學原因，也有歷史原因。聖經中的財產理論是上帝是萬有之主。按照聖經的觀點，政府或私人都沒有真正擁有甚麼；反之，我們全都只是上帝財產的管家，上帝可以按著祂的心意處理祂的財產。問題是，對於這些東西，我們是否與上帝的心意一致呢？

假如資本主義的哲學是「我的東西是我的，假如我選擇與別人分享它，我就是仁慈的」、共產主義的哲學是「你擁有的其實是我們的，我們必須充公它或把它當作公共財產」，那麼這兩個關於財產的進路都不符合基督信仰的觀點。基督徒需要時常評估：好管家是怎樣管理從上帝而來的個人財產的。我們需要定期提問：上帝，祢想我怎樣處理它？為甚麼祢把它交給我？有太多時候，宣揚健康與財富的人假設人只屬於「賜福我」俱樂部（“bless me” club），就這麼簡單。但事實上，保羅適切地提醒我們，我們蒙福是為了成為別人的祝福，這正是為甚麼我們必須不斷問：上帝為甚麼把這或那給予我們？面對恩典，感激並不足夠，接著而來的是責任和詢問，詢問這份從上帝而來的禮物的目的和功用。

我們必須坦白承認，從基督信仰的觀點來看，資本主義（即使是自由市場式資本主義）的確有一些嚴重的問題。資本主義傾向無止境地專注於透過賺錢和購買新的東西來維持經濟增長，這導致人渴望得到更便宜的東西，即使代價是本地的小本經營公司被迫結業，因為大部分東西都被外判出去，以致我們得以享受較低的價格。然而，我必須承認我對這一點百感交雜，因為我們的經濟現在已進入全球化時代，其他國家人民的生活因著我的購物而大大改善，我對此並無異議。但是在二十一世紀，我們必須成為全球化的基督徒，而不只是全球化的資本主義者，這代表我們必須顧及這個世界整體的福祉，尤其是全球基督徒的福祉。

因此，對我來說很清楚，相較於共產主義（尤其是馬克思的共產主義），資本主義可能是二惡中較輕的那個。我花了好些時間在一些前共產主義國家中教學，發現共產主義並不能幫助人民，我看不到任何效果；反之，它使大部分人活在貧窮裏。問題並不只是民主相對於共產。我很清楚民主作為一個政治制度，比共產主義更符合聖經，尤其是論到宗教自由時；但是更大的問題，是馬克思經濟制度完全由國家控制。我難以理解為甚麼很多聖經學者認為馬克思學派的分析、推論和經濟理論，比其他理論更符合新約聖經。事實上，我認為拔摩島的約翰——批評羅馬及其以奴隸為基礎的極權主義經濟的那一位——對反基督教且持守馬克思主義的政府及其極權主義、中央集權式的經濟，會與我的回應類似。

要學習聆聽其他較年長、較有智慧，曾經花了很多時間去簡化他們生活方式的人的話。聖經的智慧文學告訴我們，求助於那些慎思細想如何過真正符合聖經的生活的人，是甚有益處的。舊約聖經論到我們應該如何祈求不貧不富的生活；新約聖經論到我們應該活得敬虔與知足，我們的生活方式應該建基於「足夠的神學」。

智慧並沒有假設我們不會被我們所擁有的東西、我們的財富觀影響我們的靈性。假設上帝希望我們全都成為富人——這並不是聖經的智慧。坦白說，大部分墮落的人，甚至是大部分基督徒，都沒有恰當地處理財富。財富鑽進了他們的頭腦、他們的心裏，更別提他們的肚子裏。他們對妄想門戶大開，以為自己是特別的，因此比社會上的**普通人**更好。甚或更糟糕，他們漸漸相信自己必定是真正敬虔的，否則上帝不會將這一切賜給他們。財富太容易導致妄想了。

智慧也沒有假設「物品」(尤其是過量物品)不會阻礙我們與上帝的關係。聖經其實主張，當我們貪得無厭的本能無所約束，我們就處於把物品當成上帝的危險。我自己就從那些成功拒絕消費心態、選擇簡單的生活方式的基督徒那裏學到很多。

我的外祖父和外祖母時常行在正路上，這並非純粹因為他們經歷了大蕭條，而是因為他們是深深委身的基督徒，即使他們擁有的並不多，他們也致力服事他人。我的母親告訴我，當我的外祖父在消防局工作，每星期只賺得二十元時，他們卻每週把六元施予貧窮和貧困的人。不僅如此，我的外祖父一生都受來生這觀念影響。有一次我問他：「外祖父，為甚麼你這樣循規蹈矩？」他的答案令人難以忘懷：「天堂太美好，而地獄太熱了，因此今生不可以閒混。」我的外祖父就像那些最初的基督徒。他並沒有容讓文化決定他怎樣處理金錢、財富、工作、薪酬等等。他知道這個世界並不是生命最重要的和最終的結局，因此，他一生都受永恒這觀念影響，他活在國度的門階上。他終其一生都對財物不著緊，也從來不會感到要不斷購物。他不單奉獻給他的教會，也奉獻給很多別的人。他在九十二歲逝世，按照聖經的標準，他可是個快樂、聖潔、蒙愛、成功的人。

9. 宣告禧年來到、免去別人欠你的債、免息借款

在討論耶穌的事工時，我們指出祂藉著宣告禧年來到(路四

章）宣佈國度的來臨。我們不單在耶穌有關饒恕的普遍討論中得見這一點，進一步的論證也可在主禱文中找到。在那裏，耶穌教導門徒祈禱時，要祈求上帝免去我們的債，而這連繫到我們要免去別人欠自己的債。顯然在某些情況下，讓人想辦法還債是件好事，尤其是當他們的行為不負責任。但是，也有免債的時候，尤其是當欠債的人努力工作，真心誠意地盡力還債，情況依然對他們不利。這也可應用在國家的層面。西方國家根本應該免去第三世界的債。

這個方程式的另一邊是借貸，我們已經清楚看到，不同的聖經作者怎樣大力反對有息借貸，**尤其是當一個信徒借錢給另一個信徒**。因此，成為好見證和更好的人的方法，是不要理會莎士比亞（William Shakespeare）在《哈姆雷特》（*Hamlet*）第一幕的建議，有些人錯誤地以為這是引自聖經的記載：

> 不要成為借方或貸方；
> 因為貸款往往使人失去金錢和朋友，
> 借貸會使人減少節約。
> 最重要的是：要真誠地面對自己。

相反，我們應該找機會幫助他人，並為他們作出犧牲。借錢是這樣做的其中一個方法，而免債是另一個方法，讓我們在基督的身體裏踐行慷慨。就如我們所見，聖經講的全都是關於不計回報的施予。而假如那是施予，就不只是借出了，不是嗎？

剪斷那些信用卡吧！美國已經成為靠著借貸（尤其是高息信用卡）縱情狂歡的國家了。一個能真正幫助人簡化自己的生活和生活方式的方法，是準時和全數繳費，使用現金或提款卡。留下一張信用卡以備不時之需是可以的，但是假如我們小心預算，用到它的機會應該很少。

把以上清單當作入門裝備吧！在這裏，我們的目標是培育出我們在耶穌和祂最初的跟隨者身上見到的施予和慷慨的靈。我們所強調的**不計回報**的施予，是對互惠習俗和回報心態的挑戰，也應該被視為對互惠習俗和回報心態的挑戰。耶穌甚至鼓勵人不計回報地施予**自己的敵人**。（這令我想到最近看到的汽車防撞杠貼紙：「愛你的仇敵。這會把他們弄糊塗。」）

耶穌和新約聖經呼召我們在論到金錢、財富、犧牲的施予、工作與薪酬時，要跟隨一個反文化、（在某些情況下）反直觀的國度倫理。耶穌沒有美化祂那個時代的文化對金錢和財富所作的基本前設，相反，耶穌時刻挑戰那些前設，我們也應該如此行。

附錄 1
十個關於金錢的基督教謠傳

謠傳一：假如你信靠上帝，祂就會給你「你心裏所渴望的一切」。

以上謠傳說的其實是這段經文：「又要以耶和華為樂，他就將你心裏所求的賜給你。當將你的事交託耶和華，並倚靠他，他就必成全」(詩三十七 4、5)。這段話與經濟上的成就並沒有任何關係，這裏的「心裏所求的」是指上帝。詩人說的是，假如你以上帝為樂，祂就會賜福你，即更常與你同在——這是所有詩篇作者的看法。

謠傳二：假如你「先求他的國」，那麼上帝就會給你所有你想要的東西。

這再一次大大誤解了聖經。耶穌在馬太福音六章 25 至 34 節一直在討論生活的基本需要，例如食物、衣服等等。祂告訴門徒不應為生活的必需品憂慮，因為上帝知道我們需要這些東西維生。我們不應憂慮、煩惱，而要先求祂的國，之後這些必需品都會加給我們。在這個處境裏，耶穌並沒有提到上帝會以財富或任何類似的東西來賜福我們。祂所指的只是基本的食物、飲料、衣服。

謠傳三：假如你持守什一奉獻，那麼上帝就一定會賜福你，遠比你所奉獻的更多。這是根據類似「你們祈求，就給你們」(太七 7)的記載得出的。

這裏的處境再一次是祈求基本的必需品——求餅或魚！耶穌再次向我們保證，當我們向上帝祈求這些東西時，祂會供應。這表明，上帝樂於賜福給那些在這些事上祈求祂和祂的幫助的人；關於這些東西，上帝有無限儲備，永不會耗盡。因此，論到基本的必需品時，「你們沒有，是因為你們不求」這話也有其真確性。但是，這類經文並不是指回報，也不是指與上帝的互惠循環，而且上帝的賜福也往往不是物質上的。「我們可以讓上帝負債累累，使其受制於『期票』，當我們給予祂甲，祂也必須給予我們乙」的觀念根本是錯誤的。從上帝而來的禮物是我們白白得來的，滿有恩典，而不是出於上帝欠了我們甚麼——就像錯誤的互惠神學所提倡的。

謠傳四：假如我們真誠地祈求，或長時間和熱切地祈求，上帝就一定會把我們祈求的東西給予我們。

這個進路似乎視祈禱為一種強迫不願幫忙的上帝施加援手的方法。這個觀念是完全錯誤的：第一，無論我們怎樣友善或持續地祈求，我們都無法向上帝提出一個祂無法拒絕的提議。為甚麼呢？因為有太多時候，我們祈求的完全不是我們需要的，或是有助基督徒生命成長的東西。第二，上帝只有責任做祂早已應許會做的事，即使是這樣，也要視乎我們所祈求的東西是否受限於一個有條件的應許。當上帝按著「這稱為我名下的子民若悔改並轉向我，那麼……」承諾祂的應許時，我們要明白，假如我們沒有履行「條件聲明」中我們那一半責任，上帝也沒有責任履行祂那一半責任。

謠傳五：金錢是萬惡之源，有「骯髒錢」或「不義的瑪門」的別稱。因此，基督徒最好不要專注於賺錢，那只會是無法避免的惡行。

保羅所說的，其實是**貪愛錢財**是所有罪惡類型的根源。換言之，備受批評的是人對金錢的心態，包括那名為貪婪的罪。金錢本身只是交易的媒介，比起其他由上帝創造的物質，它並非在本質上更加邪惡。然而，聖經的警告提醒我們，諸如金錢之類的東西對墮落的人類極具誘惑，將導致眾多有害的沉溺。這正是為甚麼耶穌稱這些資源為「不義的瑪門」。既然如此，我們就要小心處理金錢；我們需要反思為甚麼我們認為自己需要更多金錢，或希望購買這樣或那樣的物品。

謠傳六：對那些視聖經為上帝話語的人來說，有息貸款並不是問題。

舊約聖經事實上有很多提及信徒借錢或資源給其他信徒時收取利息的苛評。聖經並沒有說向非信徒收取利息是錯的，但是舊約聖經在這個課題上的教導一般都主張，假如某人是羣體中的一員，即使他們是「那地的陌生人」，收取利息可能不被容許，又或至少不獲鼓勵。我們也可以轉而探討關於投機買賣、嘗試以金錢投資獲得巨大利息或回報的倫理。基督徒可以買賣股票，趁低吸納、趁高沽出嗎？聖經並沒有直接提到這一點。古代經濟並沒有股票市場。但是，我們所得到的整體概要是：任何會破壞作工與報酬、破壞以誠實作工換取薪酬這兩者之間關係的東西，都不是好東西。投機買賣往往嘗試以小量時間、金錢、技術的投資，來博得龐大的回報。這似乎違反了我們在聖經不同部分找到的工作倫理。[1]

謠傳七：就如所羅門和其他舊約聖經的例子顯示，上帝並不反對基督徒成為富人。

首先，基督徒並不是活在舊約之下，而新約聖經論到物質的東西時，對於甚麼是敬虔生活有更嚴格和更高的標準。其次，即使是箴言和舊約聖經其他地方，當中對像所羅門這樣的君王的批評——談到財富和奢侈，他模仿古代近東的帝王和國王——也表明這並不是一件好事。

謠傳八：只要我懂得感恩，知道我的福分從何而來，並且對上帝保持感激的態度，我就可以在某些明顯的倫理界線之內（例如不把它浪費在不道德的性行為上），隨我的喜好使用我的金錢。

這是大錯特錯的。我們所有的資源，都來自上帝的賜福，因此我們更需要和更應該做的，是待它們如上帝的資源，並且要問：我要怎樣處理自己所獲得的資源，才能使上帝喜悅呢？這正是為甚麼雅各和其他人指控某些基督徒，說他們參與炫耀性消費或過奢侈的生活時，是在盜取窮人、寡婦、孤兒的資源。

謠傳九：由於我們憑信蒙恩得救，上帝不會要我們為「怎樣使用我們的金錢」負責任。

這是錯誤的，也是以下這個觀念的變體：由於我們是靠著恩典得蒙救贖，因此歸信之後，我們並沒有責任做任何善事。這樣的想法直接違反了像哥林多後書五章這類經文，這段經文提醒我們，有朝一日，我們全都必須到基督的審判台前，一一陳述我們在身體裏所做的事。在綿羊和山羊的比喻中，這一點更加清楚。耶穌在那裏嚴責祂的門徒沒有到監獄探望祂、給祂食物等等，並且接著說：「這些事你們既不做在我這弟兄中一個最小的身上，就是不做在我身上了」。耶穌對窮人和有需要的人所受的困苦感同身受，並且期望我們也這樣行。

謠傳十：身為持守什一奉獻的基督徒，我有自由按自己的喜好使用我那沒有奉獻的百分之九十。

首先，真正的標準是犧牲的施予，在一些情況下可能指超過十分之一。其次，那百分之九十依然屬於上帝，我們只是管家，必須按著上帝的心意使用它。

最後，我們應該把保羅所說的「足夠的神學」、「敬虔知足的神學」，就是他稱為「大利」的東西，放在心裏並踐行出來，這是明智的做法。腓立比書四章 11 至 13 節是基督徒在這類事情上非常好的指引。身為二十一世紀的基督徒，我們能夠在任何物質環境下，都學會知足嗎？還是我們會屈服於廣告的誘惑？——它叫我們購買各類我們以為必須擁有的東西，而事實上它們完全不是生活的必需品。我們能夠學會知足的祕訣嗎？——無論是有餘還是缺乏之時。保羅說他已經學會無論是有餘，還是缺乏，都作一個知足的基督徒。我祈盼我們也學會這個知足的祕訣。

附錄 2
金錢的使用 —— 約翰・衛斯理的講章

以下講章或許是十八世紀論到基督徒和金錢的使用最著名的講章。除了著名的「因信稱義」講章，這篇是約翰・衛斯理講得最多的講章——尤其是在十八世界晚期，當衛道派信徒因著他們的工業和節儉開始變得富足之時。衛斯理繼承了清教徒對金錢的觀念，這來自於他母親，以及清教徒著作的影響。但是，他在這些資料上加上自己的理解，尤其是他在講章中強調的第三個要點——「盡你所能施予」，這比什一奉獻的要求更高。

我們可以說，衛斯理勇於活出他的信念。他在去世之前，幾乎把自己所有的全都送贈出去。他一生過著節儉的生活，因此能夠把資源留給不同類型的事工：從建立孤兒院，到差派宣教士去美國。我認為這篇講章對今天的北美教會來說，就如昔日一樣，都是必要和適切的。我在這裏提供的講章是較為古舊的杰克遜版本（Jackson edition, 1872），當中包含了所有原初的拉丁文引文，它沒有版權的限制。

金錢的使用

我又告訴你們，要藉著那不義的錢財結交朋友，到了錢財無用的時候，他們可以接你們到永存的帳幕裏去。

（路十六 9）

1. 在結束了精彩的浪子的比喻後——耶穌特別説給那些私下議論祂接待稅吏和罪人的人聽——我們的主提到另一種不同的關係，這一次祂的對象是上帝的兒女。「耶穌又對門徒説」（對象並不是之前的文士和法利賽人），「有一個財主的管家，別人向他主人告他浪費主人的財物。主人叫他來，對他説：『我聽見你這事怎麼樣呢？把你所經管的交代明白，因你不能再作我的管家』」（路十六 1～2）。詳述惡管家用了甚麼方法準備日後的生計後，我們的救主説：「主人就誇獎這不義的管家」（在這裏是指他及時作好準備），並在最後附上這個重要的反思：「今世之子，在世事之上，較比光明之子更加聰明」（8 節）。那些只尋求這個世界的分的人，「比光明之子更加聰明」，比那些看見「上帝榮耀的光顯在耶穌基督面上」的人「更加聰明」（這不是絕對的，因為今世之子是徹底的愚昧人，是天底下極壞的狂人。但是，「在世事之上」，他們按著自己的方法，所做的與自己的身分較為一致。他們更忠於自己的原則，更堅定地追求自己的目標）。接著上述這些話的，是「我」——上帝的獨生子、創造者、主、天地和其中所有的擁有者、萬有的審判者，你要在「不能再作管家」時，向祂「把你所經營的交代明白」——「我又告訴你們」——要這樣學習，甚至是向這個不義的管家學習，要有智慧地及時作好準備，「要藉著那不義的瑪門結交朋友」。「瑪門」可以理解為財富或金錢。它被稱為「不義的瑪門」，因為人往往透過不義的方法得到它；而且，即使人用誠實的方法得到它，也會就這樣把它花掉。要用它「結交朋友」，盡量行善，尤其是向上帝的兒女行善。「到了錢財無用的時候」——當錢財變為塵土，在日光之下再無用處時，那些之前離去了的人「可以接你們」進到「永存的帳幕裏去」。

2. 我們的主在這裏對祂所有的跟隨者反覆灌輸一個精闢的基督信仰智慧：如何正確使用金錢。關於這個課題，世人常按著自己的方法討論，但是上帝從世上揀選的人卻沒有充分思考它。普遍來說，他們不思考如何善用這份美好的禮物——這是這個課題要求我們思考的。他們也不明白怎樣才能最有果效地運用它。這份美好的禮物本是上帝旨意的彰顯，它令人讚歎上帝的智慧和恩典。但事實上，歷世歷代的詩人、演說家、哲學家，都習慣把它描述成世界最大的腐蝕物、德性的禍根、人類社會的寄生蟲。因此，有一句老生常談是這樣的：

Nocens ferrum, ferroque nocentius aurum:
黃金——比最鋒利的鋼鐵更具殺傷力。

也有這樣的控訴：

Effodiuntur opes, irritamenta malorum.
財富被挖掘出來，它是一切惡行的動機。

不但如此，一位著名的作家嚴肅地告誡他的國民，為了立即棄絕所有惡行，必須「把他們所有的金錢拋進海中」:

... in mare proximum (...)
Summi materiem mali!

鄰近的海（……）
邪惡的來源！

但是，這一切不只是空談嗎？當中有沒有實在的理據？並沒有。世界的敗壞，是金或銀導致的嗎？我們知道，「貪愛錢財是萬惡之源」，錢財本身並不是問題的根源。這並不是金錢本身的錯，而是使用它的人的錯。它可能被錯誤地使用；怎麼不可能？但是，它同樣可以被好好使用，它可以被用到最好，正如它也可以被最壞地使用。對於所有文明國家而言，它的用途多不勝數，遍及日常生活各方面——它是所有商業活動最簡單的結算工具，也是我們行各樣美善的工具（假如我們按著基督信仰的智慧使用它）。的確，假如人處於無罪的狀況，又或所有人都「被聖靈充滿」，那麼就像耶路撒冷的初代教會，「沒有一人說他的東西有一樣是自己的」，而是「照各人所需用的，分給各人」，這樣我們就不再需要它，因為我們無法想像天國的居民當中會有這樣的東西。但是，在人類現今的狀況中，它是上帝美好的禮物，為了回應最崇高的目的——在上帝兒女的手中，它是給飢餓人的食物，是給口渴者的飲料，是給赤身露體者的衣服，是給旅客和陌生人枕首的地方。我們可以藉著它，讓失去丈夫的寡婦、失去父親者得到保障；在我們的手中，它可以使受欺壓者得保護，使患病者得健康，紓緩他們的痛苦；它可以成為瞎子的眼睛、瘸子的腳。是的，它使人脫離死亡之門！

3. 因此，最重要的是所有敬畏上帝的人，都知道怎樣運用這份珍貴的禮物，得知它可以怎樣最有果效地回應這些美好的目的。或許，我們需要依隨的指引，可以歸納為三個簡單的法則，只要嚴謹遵守，我們就可以成為忠心管理「不義的瑪門」的管家。

一

1. 第一是（凡聽見的讓他明白！）「盡你所能賺錢」。在這裏，我們可以像今世之子那樣，向他們看齊。而我們應盡的責任是：盡所能賺錢，但不要買太昂貴的黃金，不要為它付出超過它所值的價錢。但是，我們萬萬不可做這件事：我們不應該為賺錢而賠上生命或健康（這兩者事實上是相同的東西）。因此，我們不應受任何利益引誘而不要命地工作，或從事太勞累或長工時的工作，以致損害我們的體格。我們也不應該參與或繼續參與任何必定導致我們缺乏適當飲食和足夠睡眠等生理需要的商業活動。事實上，這裏面有很大的分別。有些工作是絕對、完全不健康的，就如那些涉及處理大量砒霜或其他同樣有害的礦物質，或涉及吸入含有熔鉛粒子的空氣的工作，那必定會大大損害強健的體格。有些工作可能並不一定使人不健康，只會對體格虛弱的人有影響，例如那些需要花大量時間寫作的工作，尤其是人要坐下來寫作，彎著腰，或是長時間維持著不舒適的姿勢的工作。但是，只要是會損害健康或體力的工作，我們都不可以屈服於它，因為

「生命……勝於飲食……身體……勝於衣裳」。假如我們早已從事這樣的工作，我們應該盡快轉換工作，選擇另一些雖然會減少我們的收入，卻不會損害我們健康的工作。

2. 第二，我們要在既不損害身體，也不損害心靈的情況下，盡所能賺錢，因為無論是損害我們的心靈還是身體，都於我們不利。我們必須在任何情況下，都保守健康的心靈。因此，我們不可參與或繼續參與任何涉嫌犯罪的交易、任何違反上帝的律法或我們國家法例的交易，因為這意味著盜取或詐取國王的法例，至少，詐取國王的權利與盜取我們同胞的東西一樣邪惡：國王完全有權利訂立他的法例，就如我們對於自己的房屋和衣物有擁有權。有些商業活動本身是無害的，但是現在已經無法以單純的心來進行(至少不是在英國)，舉例來說，要透過欺詐或說謊，或跟隨一些違背良心的做法，才能維持令人滿意的結果。無論跟隨這些習俗可以對貿易帶來甚麼好處，我們都要謹慎避免。因為我們必不可為賺錢而失去靈魂。有很多人以完全單純的心追求某些事物，卻沒有損害他們的身體或心靈；但是，你卻可能無法做到。那些做法可能會使你在某家公司陷入靈魂遭到損害的地步；你也可能在多次經驗後，發現似乎失去了分辨的能力；又或你可能有一種天性——你靈魂構造的特性，就如人的體格各異——它感到那份工作對你十分危險，但是其他人則可以不受影響。例如，在多次經驗後，我深信我無法在不成為自然神論者或無神論者的情況下，在數學、算術或代數的研究領域有任何作為；然而，很多人卻可以畢生研究它們，而不會對自己構成任何不便。因此，並沒有人能為別人下決定，每個人都必須為自己判斷，並且避開任何他發現會損害他靈魂的東西。

3. 第三，我們要在不傷害鄰舍的情況下賺錢；假如我們做不到愛鄰舍如同愛自己，就不會、也做不到這一點。假如我們愛人如己，我們就不可以掠奪**別人的財物**，以致傷害別人。我們不可以藉著打賭、金額過高的帳單（無論是出於醫藥費、官司還是別的事情）、收取利息，來佔據他人土地的出產，又或佔據土地和房屋本身——尤其是我們國家的法例也禁止這些事。因此，我們應該拒絕典當業，因為無論我們藉此去行甚麼美善的事，所有公正的人都會對藉由行惡得到的豐裕哀歎不已。就算不是這樣，我們也不可「作惡以成善」。此外，因著弟兄之情，我們不可以低於市價的價格售賣我們的貨物——我們不可為了自己的利益，而密謀破壞鄰舍的生意；我們也不可以利誘或雇用鄰舍所需要的奴僕或工人。沒有人可以在不受地獄咒詛的情況下，藉著吞吃他鄰舍的財物而賺得更多！

4. 我們也不可藉著傷害**鄰舍的身體**賺錢。因此，我們不可售賣任何會損害健康的東西，尤其是那些「燃燒液體」（liquid fire），人們一般稱之為淡酒或烈酒。是的，這些東西可能在醫藥界中有其重要性，它們可以用來治療一些身體上的疾病——雖然除了嫻熟的行醫者之外，人們根本甚少使用它們。因此，**單單為了這個目的**而準備售賣它們，可能會使他們的良心好過一點。但他們是誰呢？誰會單單為了這個目的而預備售賣它們？英國有十個這樣的蒸餾酒製造商嗎？這些是例外！但是，那些向普通人公開售賣酒精的人，都是毒害他人者。他們大量毒害國王陛下的臣民，他們的眼目並沒有流露一絲憐憫或同情。他們把那些單純的人推向地獄。而他們賺得甚麼呢？豈不是這些人的血嗎？這樣，有誰還會羨慕他們的龐大莊園和宏偉的皇宮？咒詛在他們當中：上帝的咒詛依附在他們的石頭、木材、家具上；上帝的咒詛在他們的花園、小徑、樹叢裏。上帝的咒詛是一直燃燒到地獄深處的火！血啊！血在那裏：水池、地面、牆壁、屋頂都沾滿了血！噢！流人血的人啊！雖然你「穿著紫色袍和細麻布衣服，天天奢華宴樂」，你還指望你**流人血的田地**可以傳到第三代嗎？不，因為有一位在天上的上帝。因此，你的名字將被剪除，就如那些已經被你毀滅身體和靈魂的人，「你將無人念記！」

5. 無論是外科醫生、藥劑師還是內科醫生，那些為了賺更多錢而玩弄人的性命或健康的人，他們豈不也同樣有罪？誰刻意延長可迅速除去的痛症或疾病？誰為了擄奪病人的財產，而拖延他們身體的醫治？不「盡他所能盡量」縮短每個療程，並「盡他所能盡快」除去所有病患病痛的人，可以無罪地站在上帝面前嗎？他不可以，因為以下事實再明顯不過：他不「愛他的鄰舍如同他自己」，他也沒有持守「若要人怎樣待他，他就要怎樣待人」的原則。

6. 任何藉著傷害我們**鄰舍的靈魂**賺錢的做法，其代價都十分高昂——例如藉著牧養賺錢，無論是直接或間接地針對某人的不潔或放縱（任何敬畏上帝或真正想取悅祂的人，肯定不可以這樣做）。此外，所有從事與酒吧、餐館、劇院、俱樂部，或任何別的有錢人常光顧的公共場所相關的工作的人，都要細想這一點。假如這些對人的靈魂有益處，你就無罪了，你的工作是好的，你所賺的錢也是無害的；但是，假如它們本身是有罪的，或自然而然引致不同種類的罪，這樣的話，你就要曉得害怕，你將要交可悲的帳。噢，小心！免得上帝在那天說：「他們必死在罪孽之中，我卻要向你討他們喪命的罪！」

7. 遵守這些告誡和限制後，所有參與世上商業活動的人，都有責任遵守那個論到金錢，最先和最大的基督信仰的智慧法則：「盡你所能賺錢」。藉著誠實地工作，盡你所能賺錢。在你的呼召中，盡可能勤勉，不要浪費時間。假如你了解自己，以及了解你與上帝和你與他人的關係，你就知道你並沒有多餘的東西可以浪費。假如你了解你獨特的呼召——這是你本應了解的——你手上就沒有多餘的時間。每一個工作崗位，每一天、每小時都需要人全力以赴。當你身處那個位置，如果你認真地完成它，你就不會有閒情去進行愚昧、無益的娛樂。你總有一些更好的事情要做，一些或多或少會使你獲益的事情。「凡你手所當做的事，要盡力去做。」盡快去做，不要拖延！不要拖得一天算一天，或拖得一小時算一小時！不要把你今天可以做的事留待明天，要盡力做到最好，不要把問題留待第二天解決。要全力投入工作，不辭勞苦。凡事不要半途而廢，又或以輕視、粗率的態度去做。假如你的工作可以透過勞力或耐力完成，就切勿半途而廢。

8. 在你的工作上，透過常識，並藉著運用上帝已經賜予你的理解能力，盡你所能賺錢。不過令人驚訝的是，甚少人這樣做。人總是與前人一樣，走在一條沒有盼望的軌道上。但是，無論那些不認識上帝的人做甚麼，那都不是你應該做的。基督徒如果不盡一切能力改善**現況**，就是可恥的。你應該從別人的經驗或從你自己的經驗、閱讀、反思中繼續學習，在所有要做的事上，今天比昨天做得更好，並且確保實踐你所學到的，以致你可以善用你手裏的一切。

二

1. 靠著誠實、智慧，孜孜不倦地盡你所能賺錢後，精明基督徒的第二個原則是：「盡你所能儲蓄」。不要把寶貴的金錢拋進大海，把那樣的蠢事留給異教徒哲學家吧！不要把金錢用在無益的花費裏，那與把它拋進大海是一樣的。不要純粹用它來滿足肉體的情慾、眼目的情慾，或今生的驕傲。

2. 不要純粹為了滿足肉體的情慾，為了得著任何類型的感官歡愉，尤其是為了增加味覺的歡愉和享受，而浪費掉寶貴的金錢。我並不是說：只要避免貪吃和酗酒就好了——即使是一個誠實的異教徒也會斥責這樣的事。有一種常見、好聽的感官享受，叫做優雅的美食主義，它們並不會立時損壞胃部或影響人的理解能力（至少不是顯著地）。然而，要維持它需要龐大的費用（雖然它現在並沒有帶來別的影響）。停止這一切花費吧！藐視美味佳肴和各式各樣的選擇，安於簡單、自然的需要吧！

3. 不要純粹為了滿足眼目的情慾，而把寶貴的金錢浪費在不必要或昂貴的衣服，又或無用的裝飾上。不要為了把你的房屋裝飾得稀奇古怪，為了一些不必要或昂貴的家具，或貴重的畫作、鍍金、書本，或優雅而無用的花園，而把金錢浪費掉。讓你一無所知的鄰舍這樣做——「任憑死人埋葬他們的死人。」我們的主說：「這與你何干？你跟從我吧！」你願意嗎？願意，你就能夠這樣做了。

4. 不要為了得著人的欣賞或稱讚，為了滿足今生的驕傲而花錢。這樣消費的動機，往往與上述重點有著密切關係。人們花很多金錢在食物、衣服或家具上，不只為了滿足他們的食慾、眼目或想像力，也為了滿足他們的虛榮心。「你若待己好，人必誇讚你。」只要你「穿著紫色袍和細麻布衣服，天天奢華宴樂」，無疑，很多人會前來誇讚你的美食、你的慷慨、你的款待。但是，不要把他們的誇讚看得太重；反而要滿足於從上帝而來的尊榮。

5. 假如人們深思熟慮，知道滿足慾望等於增加慾望，那麼，還有誰會花錢去滿足這些慾望呢？沒有甚麼比這一點更加確實可靠：日常經驗顯示，人們愈沉溺於滿足慾望，慾望就愈趨增加。因此，無論你在甚麼時候為了滿足味覺或其他感官而消費，你其實為了感官享受付上了很高的代價；當你花錢滿足你的眼目時，你其實為了內心滋長的好奇心付上了很高的代價——當你強烈地依戀這些歡愉時，歡愉已漸漸消失。當你購買一些人們會誇讚的東西時，你就是在購買虛榮。你之前豈不是已體驗過太多虛榮、感官享受、好奇？有需要再多一些嗎？你還會花錢購買它們嗎？這是甚麼心態呢？直接把你的錢拋進大海雖然愚蠢，但殺傷力豈不是小一點嗎？

6. 而且你為甚麼要把金錢花在兒女身上，正如你花在自己身上、在精緻的食物上、在艷麗或昂貴的衣服上、在各式各樣的奢侈品上？你為甚麼要為他們購買更多驕傲或貪婪，更多虛榮，或愚昧和有害的慾望呢？他們並不想要更多，他們擁有的已經足夠了。大自然有充足的供應，他們得以享用，你為甚麼要進一步消費，增加他們的試探和網羅，並以更多不幸刺透他們呢？

7. 不要把金錢留給兒女浪費掉。假如你有充分的理由相信，他們會為了滿足私慾——為了增加肉體的慾望、眼目的慾望，或今生的驕傲——而浪費掉現在屬於你的財物，並危害他們和你自己的靈魂，那就不要在他們面前設下這些陷阱。不要把你的兒女獻給彼利奧（Belial）或摩洛（Moloch）。要憐憫他們，並且除去在他們路上你能輕易預視到會增加他們的罪行，並繼而使他們泥足深陷、永遠滅亡的東西！有些父母認為留給兒女的東西永不足夠，這種迷思實在令人驚訝！甚麼？給他們留下的箭頭、火把、死亡還不夠嗎？愚昧和有害的慾望還不夠嗎？驕傲、貪婪、野心、虛榮還不夠嗎？永遠被火燒還不夠嗎？可憐的人哪！在沒有恐懼的地方，你最恐懼。當你們在地獄舉目觀看時，「不死的蟲」和「不滅的火」肯定有你們好受！

8. 「假如你是我，你會怎樣做？假如你離世前，有一筆可觀的財產，你會怎樣做呢？」這並不是我們該問的問題，因為無論我是否**會**做，我都知道我**應該**怎樣做。假如我有一個孩子，不論長幼，他明白金錢的價值，我也相信他會好好使用它，我就會認為把我財產的一大部分留給那個孩子，是我絕對應盡的責任；至於其他人，遺產能讓他們過平常過的生活就夠了。「但是，假如你所有的孩子都不明白金錢的真正用法呢？」那麼，我就應該（這話甚難！有誰聽得懂呢？）給每一個足夠的金錢，叫他不致缺乏；至於其餘金錢，就全都以我認為最能榮耀上帝的方式施贈出去。

三

1. 但是，不要以為只要「盡自己所能賺錢和儲蓄」，就很有成就，可以在這裏停下來。假如人不向前走，不把這一切指向更遠的終局，一切都是徒然。假如人只把金錢儲存起來，擱置不用，事實上，他不是真的儲蓄了甚麼。你可把你的錢拋進大海，這無異於把它埋在地底；你把它埋在地底，亦無異於把它放在你的金庫裏，或是放在英國銀行裏。不使用金錢，事實上就等於把它扔掉。因此，假如你真的「要藉著那不義的瑪門結交朋友」，就在前兩者之上加上第三個原則。第一，盡你所能賺錢；第二，盡你所能儲蓄；接著，「盡你所能施予」。

2. 關於這一點的基礎和緣由，想想看，當天地的擁有者賦予你生命，把你放在這個世界裏，祂並沒有賦予你物主的身分，而是賦予你管家的身分。如是者，祂交託你在一段時間內管理不同類型的東西。但是，這一切最終的擁有權只屬於祂，離不開祂。就如你自己並不屬於你，而是屬於祂；同樣地，你享受的一切都屬於祂。你的靈魂與你的身體也不屬於你，而是屬於上帝；你的財物也不屬於你，而是屬於上帝。祂已經清楚、明確地告訴你，你要怎樣為祂使用金錢，如此，它會是一個神聖的奉獻、透過基督耶穌得被悅納。祂已經應許這個輕省、簡單的服事，會得到永恆的榮耀為賞賜。

3. 假如你想成為忠心和有智慧的管家，就要好好善用你的主現今交在你手裏的東西，但是緊記祂有權利按著祂的旨意收回。上帝給我們的指引，涉及如何使用我們屬世的財物，這些指引包括以下幾點：第一，要為自己供應所需，包括吃的食物、穿的衣服、維持身體健康和體力所需要的適量東西；第二，為你的妻子、兒女、僕人，或其他從屬於你家庭的人提供這一切。假如完成了這些事之後，還有很多剩餘的，就要「行善，向信徒一家的人更當這樣」。假如仍然有剩餘的，就要「有了機會就當向眾人行善」。這樣，你就是盡你所能施予；不，更準確地說，是盡你所有施予。而以這個方式施予的對象，其實是上帝。「上帝的物當歸給上帝」，你不單藉著你施予窮人的東西，也藉著你為自己和家庭供應需用之物，把上帝的物歸給上帝。

4. 在任何時候，假如你對將要在自己身上或家庭所作的任何花費存疑時，你有一個簡單的方法除掉它，就是平靜和認真地問：「（1）這樣花費時，我有沒有按著我的角色而行？我是否以我主之物的管家身分，而非物主身分而行？（2）我這樣做有沒有遵從祂的話？祂在哪段經文中要求我這樣做？(3)我可以把這個行動、這個花費透過耶穌基督，獻給上帝為祭嗎？(4)我有理由相信我會在義人復活時，因著這行為而得賞賜嗎？」你不大需要別的東西來去除腦中這個疑問；靠著這四個問題，你會得到明確的指引，指示你應該走的道路。

5. 假如你仍然存疑，你可以進一步根據腦中那些質疑去祈禱，省察自己。看看是否可以對那位鑒察人心者說，你的良知並沒有責備你：「主呀，你知道我正準備將這筆錢花在那些食物、衣服、家具上。祢也知道，我在這裏單單以管家身分行事，使用這一部分金錢，尋求祢把它們交託給我的旨意。祢知道我這樣做是順服主，就如祢所吩咐的，也因著祢所吩咐的。我懇求祢，讓這成為神聖的祭物，透過耶穌基督被悅納！並且讓我見證到自己因著這愛的行為，將會在祢按著各人所作的賞賜各人時，得到報酬。」現在，假如你的良心在聖靈裏見證到這個祈禱是上帝喜悅的，你就沒有理由懷疑那個花費不是正確和美善的，而它也不會叫人羞愧。

6. 這樣，你就會明白「要藉著那不義的瑪門結交朋友」，以及「到了錢財無用的時候，他們可以接你們到永存的帳幕裏去」的意思。你就會明白，論到如何使用那大大的禮物——金錢時，基督徒真正的精明本質是甚麼，以及該如何權衡輕重。盡你所能賺錢——不要因此而傷害自己或鄰舍的身體或靈魂；要靠著永不間斷的勤奮，以及上帝賜予你的理解能力來持守這一點。盡你所能儲蓄——停止所有只為了沉溺於愚昧的慾望、為了滿足肉體及眼目的情慾或今生驕傲的花費；無論是活著還是死去，無論是為了自己還是兒女，都不要在邪惡或愚昧的事上浪費金錢。接著，盡你所能施予，換言之，把你所有的給予上帝——不要限制自己只給這份或那份，這反倒像猶太人，不像基督徒。要「歸給上帝」的並不是十分之一，不是三分之一，不是一半，而是一切都屬於上帝，不論多少。當你把所有金錢花在你自己、你的家庭、信仰家庭，以及全人類上，這樣，當你無法再作管家時，就可以交一份你作管家的好帳。這樣，你就如上帝的神諭所示，是按著普遍和特定的命令而行。這樣，無論你作甚麼，都可以成為「給上帝的馨香祭物」。在主與祂所有聖徒一同來到時，這樣的行為可以得著賞賜。

7. 各位弟兄姊妹，假如我們不這樣管理上帝之物，我們可以成為有智慧或忠心的管家嗎？不可以！不單因為上帝的神諭如此訓示，我們自己的良心也要作見證。那麼，為甚麼我們要拖延呢？為甚麼我們還要與血肉之軀，或今世之子協商呢？我們的國度、我們的智慧並不屬於這個世界，異教徒的習俗對我們來說無所用之。不是基督的跟隨者，我們不會跟隨他。你們要聽命於上帝。是的，今天，就在今天，聆聽和順從祂的聲音！就在這一刻，並且從這一刻開始，遵行祂的旨意。在這事和所有事上，踐行祂的話語！我以主耶穌的名懇求你們，按著你們的呼召而行！不要再怠懶！無論你們手上有甚麼事要做，都要盡力去做！不要再浪費！停止所有時尚、反覆無常的性情、血肉之軀所要求的消費！不要再貪婪！卻要使用所有上帝交託給你們的去行善，盡可能行善，以各種方式，力所能及，向信仰家庭、向所有人行善！這是「義人的智慧」中重要的部分。施予你們的所有，以及你們之所是，成為屬靈的祭，獻給上帝——那位沒有不把祂的兒子、祂獨一的兒子賜給你們的。因此，「為自己積成美好的根基，預備將來，叫你們持定那永恆的生命！」

註釋

前言：在困難的日子再思金錢的價值

1. Sondra E. Wheeler, *Wealth and Peril as Obligation* (Grand Rapids, MI: Eerdmans, 1995), 122.
2. Wheeler, *Wealth and Peril* , 124 ～ 125.
3. Wheeler, *Wealth and Peril*, 125.
4. 參本書對智慧與成功的相關經文的完整討論，頁 17 ～ 33。
5. Wheeler, *Wealth and Peril*, 128 ～ 129.
6. Wheeler, *Wealth and Peril*, 130.

第 1 章　「起初，上帝創造……」：確定我們的方向

1. Wendell Berry, " Sabbaths 2005, " XII. 這首詩歌並不曾正式公開出版，只收錄在小冊子或自行出版的文集，繼而在網絡上公開讓人使用（http://shenandoah.wlu.edu/BerryPoems.pdf）。
2. 引自 Paul Johnson, *A History of the Jews*（New York: HarperCollins, 1987）, 172 ～ 173。
3. 「高利貸」，參維基百科：http://en.wikipedia.org/wiki/Usury

（瀏覽於二〇〇九年六月十三日）。

4. 參我在 Ben Witherington III, *The Letters to Philemon, the Colossians, and the Ephesians* (Grand Rapids, MI: Eerdmans, 2007), 87～90 中對這個課題的討論。
5. 有一本由路斯拿（Brian Rosner）撰寫，名為 *Greed as Idolatry: The Origin and Meaning of a Pauline Metaphor* (Grand Rapids, MI: Eerdmans, 2007) 的出色著作，它將關於這個理念的討論延伸到新約聖經。

第 2 章　金玉滿堂：箴言智慧論財富

1. 有關這整個問題比較全面的討論，參 Ben Witherington III, *Jesus the Sage,* rev. ed. (Minneapolis, MN: Fortress, 2000), 3～116。
2. Robert Gordis, "The Social Background of Wisdom Literature," *HUCA* 18 (1944): 77～118，這裏引用了 81～82。
3. James Crenshaw, *Old Testament Wisdom: An Introduction* (Louisville, KY: Westminster/John Knox, 1981), 67.
4. 有時候這連於「信心之道神學」（Word of Faith theology）。
5. 有關傳道書的起源和由來的詳細討論，參 Witherington, *Jesus the Sage,* 52～54。

第 3 章　耶穌身處的以物易物世界中的金錢

1. D. E. Oakman, "Economics of Palestine," in *Dictionary of New Testament Background*, ed. Craig A. Evans and Stanley E. Porter (Downers Grove, IL: InterVarsity, 2000), 303～308，這裏引用

了頁 303。在這一章的這個段落，我基本上跟隨了奧卡曼的方向，因為論到這些課題，他是真正的專家。

2. Oakman, "*Economics of Palestine*," 304.
3. Oakman, "*Economics of Palestine*," 304.
4. Ekkehard W. Stegemann and Wolfgang Stegemann, *The Jesus Movement: A Social History of Its First Century* (Minneapolis, MN: Fortress, 1999), 100.
5. 參本書頁 101 ～ 107。
6. 參 Josephus, *Jewish War* 3.41 ～ 45。
7. Stegemann and Stegemann, *Jesus Movement*, 105.
8. 然而，我們需要強調的是，當土地被分配給希律的三個兒子，並成為三個相對獨立的地區後，經濟情況變得愈來愈複雜。舉例來說，這幾位統治者各自鑄造他們的錢幣，因而產生了兌換等值的問題。
9. 參 Stegemann and Stegemann, *Jesus Movement*, 112。
10. 參 Stegemann and Stegemann, *Jesus Movement*, 112。
11. *m. Shevi'it* 10:2 ～ 4.
12. 當聖殿在主後七十年被毀時，這個稅項被暫時擱置，後來被更令人反感的猶太稅（*fiscus Judaicus*），或是加諸被侵佔國土的人民身上的羅馬稅項取代，以示將他們的徹底戰敗歸功於朱庇特神廟。這個稅項極其嚴苛，部分原因是三歲到六十二歲的猶太人全都要納這稅。參 Stegemann and Stegemann, *Jesus Movement*, 120。
13. Philo, *On the Special Laws* 1.78.
14. Josephus, *The Life* 63.

15. 有關更多猶太錢幣的討論，參 Théodore Reinach, *Jewish Coins,* trans. Mary Hill (Chicago, IL: Argonaut, 1966)。
16. 有關這個問題，參 Ben Witherington III, *Women in the Ministry of Jesus* (Cambridge: Cambridge University Press, 1984)。

第 4 章　耶穌與尋寶

1. 參 Ben Witherington III, *Women in the Ministry of Jesus* (Cambridge: Cambridge University Press, 1984)。
2. 有關這個故事的更詳盡討論，參 Ben Witherington III, *The Christology of Jesus* (Minneapolis, MN: Fortress, 1990), 101～104。
3. 參 L. Joseph Kreitzer, *Striking New Image: Roman Imperial Coinage and the New Testament* (Sheffield: Sheffield Academic Press, 1996) 這個甚有貢獻的討論。
4. 參 Josephus, *Jewish Antiquities* 3.8.2 和 *m. Sheqalim* 1:1。
5. 參 4Q Ordinances。
6. 例如羅馬書十三章，或許還可以看看彼得前書二章 3 至 17 節。
7. 這個勸勉並不見於馬太福音的平行記載。這裏假設了聽眾有變賣的資源，並且那些資源是值錢的。
8. 在 *m. Pe'ah* 1:1；*b. Shabbat* 156b；*b. Rosh HaShanah* 16b 中也有類似的記載。
9. Craig Evans, *Luke,* NIBC (Peabody, MA: Hendrickson, 1990), 197.
10. Luke Timothy Johnson, *The Gospel of Luke*, SP (Collegeville, MN: Liturgical, 1991), 199.

11. 參 John Duncan M. Derrett, *Law in the New Testament* (London: Darton, Longman and Todd, 1970), 48～77。
12. Joseph A. Fitzmyer, *The Gospel According to Luke X ～ XXIV*, AB 28A (New York: Doubleday, 1985), 1097～1113.
13. Evans, *Luke*, 239.
14. 參本書有關智慧文學的討論，頁 17～33。
15. Q 是一份文獻的簡稱，裏面記載了馬太福音和路加福音的大部分內容，但並沒有記載馬可福音（或約翰福音）的內容。
16. John Nolland, *Luke 9.21 ～ 18.34,* WBC 35b (Waco: TX: Word, 1993), 807.
17. 參 Josephus, *Jewish Antiquities* 4.238。
18. 有關這個問題，參《便西拉智訓》。
19. 有關這一切，應該研讀 Gerd Theissen, *The Shadow of the Galilean: The Quest for the Historical Jesus in Narrative Form* (Minneapolis, MN: Fortress, 2007) 中甚有貢獻的敍事重構。
20. 參本書頁 141～142。
21. 在這裏，Joseph A. Fitzmyer (*The Gospel According to Luke I ～ IX*, AB 28 [New York: Doubleday, 1981], 632) 正確地指出，路加在這些福禍記載中加入「你們」，並非單單因為路加比較喜歡使用複數的第二人稱，也因為較早時期，這類智慧講論一般使用第三人稱。另參下一個註釋。
22. 因此，對於某個人蒙福或招禍的遭遇，我們有四個描述。參 Frederick W. Danker, *Jesus and the New Age According to St. Luke: A Commentary on the Third Gospel* (St. Louis, MO: Clayton, 1972), 142。

23. 參 Josephus, *Jewish Antiquities* 20.180 ～ 181, 205 ～ 207。有關這一切討論，參 Ben Witherington III, *The Gospel of Mark* (Grand Rapids, MI: Eerdmans, 2001), 334 ～ 336。
24. 參本書頁 48 的討論。

第 5 章　雅各的財富智慧

1. 這裏粗疏提及的資料，其詳細討論可參 Ben Witherington III, *Letters and Homilies for Jewish Christians: Hebrews, James, Jude* (Downers Grove, IL: InterVarsity, 2007)。
2. 前者參《便西拉智訓》7:6 ～ 7；後者參《便西拉智訓》35:10 ～ 18。
3. 我們實際上可以論說，由於利未記十九章 15 節關於愛鄰舍的討論被放在這段經文裏，雅各其實在他講論的開始，便嘗試闡釋這整段利未記經文。參 Luke Timothy Johnson, "The Use of Leviticus 19 in the Letter of James," *JBL* 101 (1982): 391 ～ 401。
4. 比較 *Didache* 16.2；Ignatius, *To Polycarp* 4.2。
5. 情況並不一定是這樣。我曾經花了些時間遊歷中東的清真寺和教會，那裏大部分人都是衣著單薄，身上發出異味；但是，這並非意味著他們是乞丐。他們的衣著和體味與氣候有關。
6. 這是 Edward A. Judge 在 *New Documents Illustrating Early Christianity,* vol.1, *A Review of the Greek Inscriptions and Papyri Published in 1976*, ed. G. H. R. Horsley (Sydney: Macquarrie University Press, 1981), 111 的主張。在同一頁

裏，我們也有來自 SEG 1683 的碑文譯文作證，上面部分內容是這樣的：「猶太人的會堂尊崇史崔頓（Straton）的女兒戴廸安（Tation）…… 以黃金冠冕和尊榮之座。」這是因為戴廸安為會堂某些支出繳付費用。因此，雅各有可能在這裏描述一個類似的場景。

7. Luke Timothy Johnson, *Letter of James*, AB 37A (New York: Doubleday, 1995), 222 ～ 223.
8. 比較《七十士譯本》詩十二 4，二十四 16，三十二 13，六十八 17。
9. 與此同時，這並非指窮人有更多物質上的財物，或比富人的信心更堅定。這裏並不是在做任何比較。這裏提到的國度，顯然是指將來的國度：這是上帝給那些愛祂的人的應許，一個還未實現的應許。
10. Elsa Tamez, *The Scandalous Message of James: Faith Without Works Is Dead* (New York: Crossroad, 1990), 44 ～ 45.
11. Alfred Plummer, *St. James and St. Jude* (London: Hodder and Stoughton, 1891), 125。粗體是我後加的。
12. Johnson, *Letter of James,* 239.
13. Peter Davids, *The Epistle of James: A Commentary on the Greek Text,* NIGTC (Grand Rapids, MI: Eerdmans, 1982), 122.
14. J. B. Mayor, *The Epistle of St. James,* 3rd. ed. (London: MacMillan, 1910), 154. 希臘文是音譯的。
15. 參 Jdt. 16:17。
16. Johnson, *Letter of James,* 301。這裏的評論十分具諷刺意味。
17. William W. Brosend, *James and Jude*, NCBC (Cambridge:

Cambridge University Press, 2004), 134.

第 6 章　路加福音－使徒行傳裏的財富和貧窮

1. 有關這一點，參 Ben Witherington III, "Appendix 2: Salvation and Health in Christian Antiquity," in *The Acts of the Apostles* (Grand Rapids, MI: Eerdmans, 1998), 821 ～ 843。
2. 參 Ben Witherington III, *Women in the Earliest Churches* (Cambridge: Cambridge University Press, 1998), 128 ～ 129 中的討論。
3. 根據希臘文新約聖經路加福音四章 18 至 19 節的經文時態，它明顯與《七十士譯本》一致，而不是希伯來經文。
4. 比較本書頁 43 ～ 44。
5. 大部分學者推斷（可能是正確的），耶穌在主後三十年被處死。按照約翰福音的記載，耶穌的事工肯定超過一年之久，因此以下說法看來是合理的：耶穌在猶太曆法中的某個吉日，引述過這段經文。參 I. Howard Marshall, *The Gospel of Luke: A Commentary on the Greek Text,* NIGTC (Grand Rapids, MI: Eerdmans; Exeter: Paternoster, 1978), 184 ～ 185。
6. 詳細討論參 Ben Witherington III, *Jesus the Seer* (Peabody, MA: Hendrickson, 1999)。
7. John Nolland, *Luke 1 ～ 9:20,* WBC 35a (Waco, TX: Word, 1989), 201.
8. 參 *b. Qiddushin* 72a ～ b；按照猶太人的觀念，這是天上最尊貴的位置。
9. 學者有時候會比較使徒行傳二章 42 至 47 節和昆蘭社羣的習

俗（參 1QS V, 1～3；IX, 3～11；CD, 1～15），並有一些得著。但是，後者的動機是要求禮儀上的潔淨和避免犯罪，不是理想中真正的兄弟之情或友誼。

10. 有趣的是，這個描述似乎反映了希臘—羅馬對於真正的朋友怎樣凡物公共的觀念（參 Plato, *Republic* 449C；*Critias* 110C～D；Aristotle, *Nicomachean Ethics* 1168B；Philo, *On the Life of Abraham* 235）。或許提阿非羅有意把這些他熟悉的觀念與這個闡述相連，暗示基督徒的確在踐行理想的友誼，或許，這也促使他成為基督徒羣體的恩庇者。
11. 有關這一切和更加詳細的討論，參 Witherington, *Acts of the Apostles*, 204～209。這裏可能再次促使提阿非羅提供資助。
12. 參本書關於寡婦的小錢的討論，頁 48。
13. Justo González, *Faith and Wealth: A History of Early Christian Ideas on the Origin, Significance, and Use of Money* (Eugene, OR: Wipf and Stock, 1990), 82.

第 7 章　保羅論工作、薪酬、貪愛錢財

1. 讀者如欲得知詳細內容，以及與二手文獻對話，可參 Ben Witherington III, *Grace in Galatia* (Grand Rapids, MI: Eerdmans, 1998), 417～438。
2. J. G. Strelan, "Burden-Bearing and the Law of Christ: A Re-examination of Galatians 6.2," *JBL* 94 (1976): 266～276.
3. 參 John Bligh, *Galatians: A Study of Paul's Epistle* (London: St. Paul, 1969), 486。
4. Larry W. Hurtado, "The Jerusalem Collection and the Book of

Galatians," *JSNT* 5 (1979): 46～62。這個最後的看法可能建基於加拉太書二章 10 節，因為保羅應該不會在二章 10 節提及這事後就置諸不理。史崔倫的論點甚有貢獻的另一個例子如下：加拉太書六章 3 節與六章 2 節靠著 *gar*（「事實上」；編按：《新漢語譯本》）一詞相連。除非這詞純粹是多餘的，否則我們必須認同「各人的重擔要互相擔當」與「…… 自己還以為有」有關。史崔倫似乎認為，保羅心裏想到某個人對於要與社會地位較低的人互相擔當重擔而猶豫不決，因為那個人以為自己很了不起。「無論人有多麼了不起，或以為自己有多了不起，他並沒有被免去在主裏，以及為了主，要彼此分擔的責任」（Strelan, "Burden-Bearing," 271）。再者，我們在六章 5 節和六章 6 節中，可以找到另一個連結：後者限制前者。各人必擔當自己的擔子，但是當有些人花了很多時間教導其他基督徒時，我們就有責任支持這樣的人。這建基於保羅在六章 6 節想到的耶穌的教導（參內文接著的內容；編按：頁 124～125）。

5. 參《便西拉智訓》13:2；比較尼希米記五章 18 節。
6. Richard B. Hays, "Christology and Ethics in Galatians: The Law of Christ," *CBQ* 49 (1987): 268～290，這裏引用了頁 280。他正確地指出羅馬書十五章 1 至 9 節有類似的討論。
7. 我已經在 Ben Witherington III, *Conflict and Community in Corinth* (Grand Rapids, MI: Eerdmans, 1994), 432～437 中提過古代所謂的「不傷人的自詡」的觀念，以及保羅怎樣處理這些習俗。這裏的討論重點是：（1）自詡是當時受歡迎的教師的主要特徵，包括修辭學家和哲學家；（2）當提到人真實的成就時，自詡是可接受的，但是言過其實就是自負（參 Cicero, *On Invention* 1.16.22）；（3）在當時的帝國中，人們跟隨這些習俗，並視之為重要的，其風行程度可見於與保羅同時期的哲學家普魯塔克一篇名為《論不傷人的自詡》（*On Inoffensive Self-Praise*）的論文；（4）保羅也提到這些習俗，但卻以極具諷刺的方式提到它們，就如哥林多後書十至十三章所示。參 Edward A. Judge, "Paul's Boasting in Relation to Contemporary Professional Practice," *ABR* 16 (1968): 37～48，以及 C. Forbes, "Comparison, Self-Praise and Irony," *NTS* 32 (1986): 1～30 中的討論。

8. 比較 Xenophon, *Memorabilia* 3.13.6。
9. James D. G. Dunn, *The Epistle to the Galatians* (Peabody, MA: Hendrickson, 1993), 326.
10. 注意，教師所教的是「那道」（the word），在這裏指基督信仰的信息，可能是以耶穌基督的故事為焦點的救恩信息。
11. 比較 Aristotle, *Rhetoric* 3.3.4；Plato, *Phaedrus* 260D；伯四 8；箴二十二 8；耶十二 13；《便西拉智訓》7:3；《利未遺訓》13.6。
12. 這個問題在帖撒羅尼迦前書四章 11 至 12 節（「又要立志作安靜人，辦自己的事，親手做工，正如我們從前所吩咐你們的⋯⋯自己也就沒有甚麼缺乏了」）、五章 14 節（「要警戒不守規矩的人」）和帖撒羅尼迦後書三章 10 節（「若有人不肯做工，就不可吃飯」）有詳細討論。
13. 另參 *Genesis Rabbah* 2.2 有關創世記一章 2 節的討論。
14. 有時候，演說家會像倫敦地下鐵站內的街頭音樂家一樣，在古羅馬城鎮的廣場或市集發表演說，他們期望觀眾會表示讚賞，並給予一些錢幣。就其本質而言，這並不是資助，也不是以售票形式讓人到音樂廳聆聽演說的那種資助。

15. 有關哥林多教會更全面的討論，參 Witherington, *Conflict and Community*。
16. 比較 Seneca, *Epistle* 108；Epictetus, *Dissertations* 3.13.7；Marcus Aurelius, *To Himself* 6.16；Josephus, *Jewish Antiquities* 12.292；《馬加比二書》（2 Macc.）5:15；《馬加比四書》（4 Macc.）6:28。
17. *New Documents Illustrating Early Christianity* (vol. 4, *A Review of the Greek Inscriptions and Papyri Published in 1979,* ed. G. H. R. Horsley [Sydney: Macquarrie University Press, 1987], 169) 引述了一個主後四十四年出自以弗所的有趣碑文，當中記載了地方長官柏斯卡斯（Paullus Fabius Persicus）譴責那些利用宗教——尤其是透過拍賣祭司職位——為得利的門路（得利〔*porismos*〕一詞只出現在提摩太前書六章 5 至 6 節），謀求個人經濟利益的人。很明顯，在那個時代的以弗所，藉宗教謀求個人利益是眾所周知的問題和罪惡。
18. 另參《所羅門智訓》（Wis.）7:6；Seneca, *Epistle* 102.25。
19. 關於前者的意思，參 Aristotle, *Politics* 1336A；關於後者的意思，參 Aristotle, *Metaphysics* 1043A。這句話也是一句規語（比較《便西拉智訓》29:21；Plutarch, *Dinner of Seven Sages* 12）。
20. Craig Blomberg, *Neither Poverty nor Riches* (Downers Grove, IL: InterVarsity, 1999), 230.
21. 例如 RSV 錯誤地把定冠詞放在「根源」之前，以致它讀作「金錢是**那個**根源……」(“money is *the* root...”)。

22. 比較 Philo, *On the Decalogue* 5.173；*On the Special Laws* 1.121；*On the Contemplative Life* 39。
23. 引自 Diogenes Laertius, *Lives of Eminent Philosophers* 6.50；比較 Stobaeus, *Eclogues* 3；《猶大遺訓》19.1；Didorous Siculus, 21:1；Philo, *On the Special Laws* 4.65 中關於這個觀念的討論。
24. Dio Chrysostom, *Oration* 54.1.
25. 研讀提摩太前書這個段落時，必須時常記住智慧文學的修辭作用。它往往以生動、易記、具象徵性的詞語，向人提供普遍原則或真理。它也假設了一個特定的宗教和社會處境，而某些說法在當中是真確的。有時候，它刻意使用誇張的修辭手法，例如上文的規語(編按：「貪財是萬惡之都」)甚至可以譯為「貪財是每類罪惡之根源」。假如這是正確的翻譯，那麼我們就可以看到**根源**一詞有加強語氣的作用。由此可見，誇張的修辭手法是為了戲劇化地強調某些東西，吸引人注意，並嘗試使聽眾在當中產生一種強烈的共鳴，在這裏則是為了勸誡他們避開貪念。面對這種論辯或規語，我們不可完全按著字面意思來理解。
26. 另參《馬加比二書》14:34；Philo, *Against Flaccus* 121；*On the Virtues* 57；Josephus, *Jewsih Antiquities* 4.40。
27. Josephus, *Jewish War* 5.380.
28. Seneca, *Natural Questions* 3, preface 14；比較 Athenagoras, *Embassy for the Christians* 13.2；《革利免一書》29.1。
29. 比較 Josephus, *Jewish War* 2.8.4。

30. Josephus, *Jewish Antiquities* 6.262; Philo, *On the Embassy to Gaius* 352.
31. Philo, *On the Life of Moses* 2.234; *On the Contemplative Life* 33; *Against Flaccus* 89.
32. John Chrysostom, *Homily 8 on 1 Timothy.*
33. James B. Hurley, *Man and Woman in Biblical Perspective* (Downers Grove, IL: InterVarsity, 1981), 199. 在他的博士論文 *Man and Woman in Corinth* (PhD diss., Cambridge University, 1973) 中，關於這幾行的內容有詳盡的討論。另參 John Percy V. D. Balsdon, *Roman Women* (London: Bodley Head, 1962)。
34. 《流便遺訓》5.5；比較 Juvenal, *Satire* 6；Plutarch, *Moralia* 141E.
35. 參 Aristotle, *Nicomachean Ethics* 3.10 ～ 12。

第 8 章　拔摩島的約翰，以及給商人和 666 先生的簡訊

1. 參 Tacitus, *Annals* 4.55 ～ 56。
2. J. Nelson Kraybill, *Imperial Cult and Commerce in John's Apocalypse* (Sheffield: Sheffield Academic Press, 1996).
3. 詳細討論參 Ben Witherington III, *Revelation* (Cambridge: Cambridge University Press, 2003)。
4. 這不單發生在美國，我們也在德國、歐洲與亞洲其他地方見到這樣的例子。舉例來說，在德國，數以百萬的土耳其人在社會的底層做著體力勞動工作，只賺得微薄的薪酬，這是大部分德國人都不會選擇去做的。但是，當一些人提出讓一大批土耳其人成為德國公民時，強烈的抗議卻是意料中事。

第 9 章　金錢、管家、施予：一個新約神學論述

1. Sondra E. Wheeler, *Wealth and Peril as Obligation* (Grand Rapids, MI: Eerdmans, 1995), 122.
2. Wheeler, *Wealth and Peril,* 129 ～ 132.
3. Wheeler, *Wealth and Peril,* 133 ～ 134.
4. Wheeler, *Wealth and Peril,* 139 ～ 140.
5. Craig Blomberg, *Neither Poverty nor Riches* (Downers Grove, IL: InterVarsity, 1999), 244.
6. Blomberg, *Neither Poverty nor Riches*, 245.
7. Aristotle, *Nicomachean Ethics* 4.1.19.
8. 參 Ben Witherington III, *Philemon, Colossians, and Ephesians* (Grand Rapids, MI: Eerdmans, 2007)。
9. 我會在這系列的下一本書——主題是從基督信仰的角度論工作、休息、娛樂——更多討論這一點（編按：該書為 *The Rest of Life: Rest, Play, Eating, Studying, Sex from a Kingdom Perspective*）。

附錄 1：十個關於金錢的基督教謠傳

1. 我正在籌劃一本關於聖經怎樣看工作的著作（編按：該書為 *Work: A Kingdom Perspective of Labor*）。

信念再思叢書 慎思明辨，探求真相。

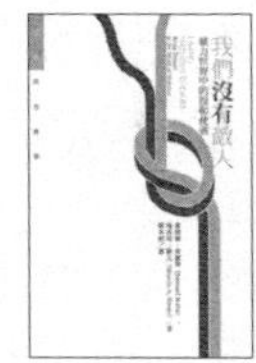

我們沒有敵人——暴力世界中的復和使者
Living Without Enemies: Being Present in the Midst of Violence
塞繆爾．韋爾斯（Samuel Wells）、瑪西婭．歐文（Marcia A. Owen）合著
陳永財 譯／HK$78

雞毛蒜皮的信仰（二版）
許立中 著／HK$68

聖經，一本怎樣的書？
The Bible and Contemporary Culture
戴歌德（Gerd Theissen）著／譚偉光 譯／HK$98

暴力世界中的溫柔——軟弱羣體的先知見證
Living Gently in a Violent World: The Prophetic Witness of Weakness
侯活士（Stanley Hauerwas）、范尼雲（Jean Vanier）合著
陳永財 譯／HK$53

權力與激情——六個追尋復活的人物
Power and Passion: Six Characters in Search of Resurrection
塞繆爾．韋爾斯（Samuel Wells）著／陳永財 譯／HK$73

為這星期五感謝神——於現今世代再思十架七言
Thank God It's Friday: Encountering the Seven Last Words from the Cross
韋利蒙（William H. Willimon）著／李金好 譯／HK$63

梁家麟書系

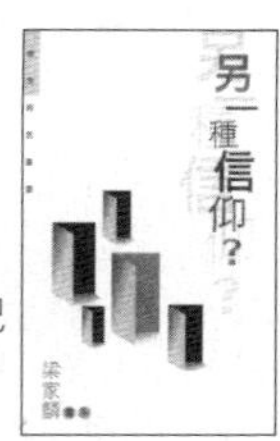

另一種信仰？

梁家麟 著／ HK$48

信仰本來便是一場冒險和掙扎，沒有任何必然性可以成為我們穩妥的把握。面對「危險」的信仰，讓我們看見自己的虛偽和驕傲。

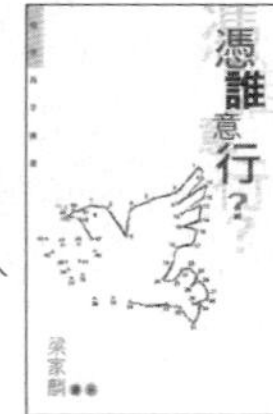

憑誰意行？

梁家麟 著／ HK$48

神真願當木偶師？祂造人的心意只是希望多一大堆木偶來把玩扯弄？人必須正視和反思自己的責任和角色。

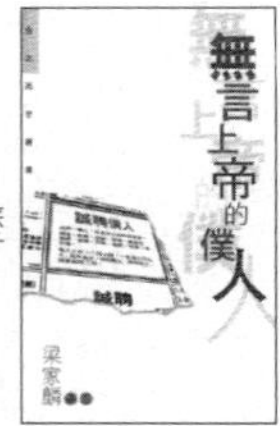

無言上帝的僕人

梁家麟 著／ HK$53

我們似乎揣摩不到上帝的作為，面對沉默不語的上帝，我們仍需承擔歷史責任、尋索上帝在生命裏的個別作為，面對挑戰。

凡人的祈禱

梁家麟 著／ HK$53

基督徒是否真能藉祈禱與上帝契合？怎樣的祈禱才是有效而合法的呢？作者站在改革宗的立場分享「凡人」見解。

緊扣時代 服事教會

以文字傳揚基督真道

讀者意見表

衷心多謝你購買本社書籍。本社一直致力以出版事工服事教會，幫助信徒扎根於神的話語，促進靈命增長。為使我們的出版更能滿足你的需要，請填寫下列各項資料，並寄回或傳真予本社。

所購書籍：______________________

本書最吸引你的地方：

□作者 □適切性 □文筆 □設計 □實用性

□其他：______________________

購買本書地點：

□基道書樓 □基督教書店 □非基督教書店

性別：□男 □女 職業：______________

信仰：□基督徒 □非基督徒

年齡：□ 16 歲或以下 □ 17～25 歲 □ 26～35 歲

□ 36～55 歲 □ 56 歲或以上

學歷：□中三或以下 □中五 □預科

□大學 □研究院

□我欲更多了解基道出版社的事工及考慮支持，請寄給我下列資料：

□機構簡介 □新書資料 □基道會員通訊

□《基道文字事工通訊》

姓名：______________ 電話：______________

地址：______________________________

____

傳真：______________ 電子郵件：______________

其他意見：______________________________

____

多謝賜教！

意見表可以傳真（2687-0281）或直接郵寄以下地址：
香港沙田火炭坳背灣街26號富騰工業中心1011室
基道出版社編輯部收